Stefan Trinkl

Als der Pfarrer auch noch Landwirt war

Facetten und Anekdoten von Priester-Persönlichkeiten aus der Erzdiözese Salzburg

Inhalt

Vorwort   7

Einleitung   9

Johann Felix Adauctus Haslberger (1731-1809)   11
    Eine vergessene Chronik des Erzbistums Salzburg

Georg Socher, OSB (1747-1807)   13
    Ein umfangreicher Zeitzeugenbericht aus der Franzosenzeit

Peter Kröll (1749-1810)   16
    Förderer der Verbreitung der Erdäpfel im Lungau

Matthäus Reiter (1750-1828)   18
    Der Bestsellerautor und seine umfangreiche Pfarrhofbibliothek

Lorenz Hübner (1751-1807)   20
    Ein Salzburger Schriftsteller der Aufklärungszeit

Werigand Rettensteiner, OSB (1751-1822)   22
    Freund und Förderer der memoria Michael Haydns

Leopold Michl (1764-1843)   24
    Botaniker im Salzburger Land

Johann Nepomuk Hiernle (1765-1850)   26
    Bienenlehrer und Ziehvater von Joseph Mohr

Joseph Waldmann, OFM (1765-1831)   29
    Ein Volksliedsammler zu Beginn des 19. Jahrhunderts

Joseph Gelasius Hellauer, CReg (1768-1836)   31
    Förderer der Seidenproduktion

Matthias Rumpler (1771-1846)   33
    Ein Schulbuchautor des frühen 19. Jahrhunderts

Augustin Winklhofer (1771-1832)   35
    Auf den Spuren der römischen Geschichte im Lungau

Albert Nagnzaun, OSB (1777-1856)   37
    Die naturhistorische Sammlung von St. Peter in Salzburg

Johann Baptist Aingler (1780-1829)   39
    Der Pfarrer von Mittersill als Förderer des Schulwesens

Peter Karl Thurwieser (1789-1865) 41
    Passionierter Alpinist und Meteorologe
Joseph Mohr (1792-1848) 43
    Der bekannteste geistliche Dichter der Welt
Matthias Englmayr (1800-1877) 45
    Bergsteiger und Reiseschriftsteller für das Salzburger Land
Joseph Dürlinger (1805-1867) 48
    Chronist für das Salzburger Land
Adam Doppler (1806-1885) 50
    Forscher zur Urkundengeschichte des Salzburger Landes
Johann Evangelist Gries, OSB (1808-1855) 53
    Botanische Exkursionen in das Salzburger Land
Andreas Fallbacher (1809-1849) 56
    Ein Dorfpfarrer als Vorbild bei der Düngung der Felder
Johann Alois Kaltner (1812-1867) 58
    Die erste deutsche Pilgerfahrt nach Jerusalem
Joseph Matthias Dum (1814-1905) 61
    Diözesan-Senior und Jubelpriester
Amand Jung, OSB (1814-1889) 63
    Früher Förderer der Gesellschaft für Salzburger Landeskunde
Johann Evangelist Lienbacher (1818-1894) 65
    Passionierter Ökonom und Imker
Heinrich Schwarz, OSB (1819-1894) 67
    Jugendschriftsteller für das Salzburger Land
Joseph Anton Schöpf (1822-1899) 69
    Förderer des Kolping-Vereins
Karl Fehringer (1823-1902) 71
    Die Verbreitung der Obstbaumzucht im Lungau
Barholomäus Hutter (1823-1873) 73
    Sammler von Mundartgedichten aus dem Salzburger Land
Isidor Pertl (1833-1929) 75
    Der älteste Priester Österreichs
Anton Bramsteidl (1834-1905) 78
    Mitbegründer des Imkervereins im Bezirk St. Gilgen
Albert Mussoni, OSB (1837-1897) 80
    Ein Benediktiner als preisgekrönter Vieh- und Fischzüchter

Alois Winkler (1838-1925)   82
    Abgeordneter im Salzburger Landtag
Pirmin August Lindner, OSB (1848-1912)   84
    Die Geschichte der Klöster in Bayern und Österreich
Joseph Lackner (1850-1908)   86
    Preisgekrönter Pferdezüchter im Lungau
Peter Jeglinger (1856-1923)   88
    Der liberale und der katholische Leseverein in Seekirchen
Valentin Hatheyer (1867-1957)   90
    Heimatforscher und Chronist von Tamsweg
Martin Vital Hölzl (1871-1956)   92
    Sammler von Liedgut aus dem Salzburger Land
Joseph Lahnsteiner (1882-1971)   94
    Volksschriftsteller für den Pinzgau
Matthias Mayer (1884-1969)   96
    Die Freunde der Weihnachtskrippe in Salzburg
Franz Xaver Klaushofer (1888-1976)   98
    Begeisterter Prangerschütze und Förderer des Schützenwesens
Leonhard Steinwender (1889-1961)   100
    Ein Priester im Konzentrationslager Buchenwald
Franz Simmerstätter (1898-1997)   102
    Ein Jahrhundertpriester und der Weltfußball
Franz Wasner (1905-1992)   105
    Geistlicher Mentor und Manager der Trapp-Familie
Johann Desch (1912-2004)   107
    Mundartdichter im Flachgau
Valentin Pfeifenberger (1914-2004)   108
    Kreatives Multitalent seiner Zeit
Bruno Regner (1916-1998)   110
    Die Modernisierung der Kirche ab den 1950er-Jahren

Abkürzungen   112

Quellen und Literatur   113

Vorwort

Das vorliegende Buch entstand in den Jahren 2016 bis 2018. Den Anstoß hierfür gab der Wunsch zahlreicher Zuhörer meiner Vorträge nach einer schriftlichen Fassung meiner Erzählungen. Speziellen Dank möchte ich meiner Frau Silvia aussprechen, die meine Arbeit bei der Umsetzung des Manuskriptes immer von ganzem Herzen unterstützt und meine Ausführungen stets auch kritisch betrachtet hat. Weiter möchte ich dem Verleger, Herrn Mag. Ludwig Volker Toth, danken, der sich bereit erklärt hat, mein Buch in sein Verlagsprogramm mit aufzunehmen. Besonderer Dank gilt auch den Autorinnen und Autoren der Internetseiten Salzburgwiki sowie Personendatenbank RES. Die dort gesammelten Informationen bildeten eine hervorragende Grundlage für die Recherche zu diesem Buch.

Seekirchen am Wallersee, November 2018

Einleitung

Der Klerus bildete bis weit ins 20. Jahrhundert eine tragende Säule unserer Gesellschaft. Besonders auf dem Land übernahmen Dorfpfarrer früher häufig zahlreiche weitere Aufgaben außerhalb der Seelsorge. So agierten Priester als Volksbildner, betrieben Ackerbau und Nutztierhaltung, schrieben Ortschroniken, förderten das regionale Schulwesen oder waren politisch tätig. Diese Vertreter des geistlichen Standes, die zurecht als Träger der damaligen Gesellschaft bezeichnet werden können, sind heute nahezu in Vergessenheit geraten. Das vorliegende Buch ist eben diesen Priestern gewidmet und gibt ihnen durch kurze Biographien ein Gesicht. Die hier vorgestellten Lebensläufe stellen jeweils ein Charakteristikum, eine Geschichte oder Anekdote aus dem Leben der betrachteten Person in den Mittelpunkt. Somit sei angemerkt, dass es nicht die Absicht des Buches ist, jede Vita akribisch vollständig darzustellen. Dieses Buch ist ein Lesebuch, das vor allem der Unterhaltung dienen soll. Ein ausführlicher im Anhang angeführter Block von Anmerkungen ermöglicht es, die verwendeten Quellen nachzuverfolgen; außerdem finden sich dort Angaben zu biographischer Literatur über die betrachteten Personen.

Die Auswahl der vorgestellten Priester war für den Autor kein einfaches Unterfangen. Die Kriterien hierfür richteten sich nach regionalen, zeitlichen sowie thematischen Gesichtspunkten. Diese drei Felder sollten möglichst breit abgedeckt werden. So findet sich aus jeder Region der Erzdiözese Salzburg mindestens ein Priester. Chronologisch sind Personen aus dem späten 18., dem 19. sowie 20. Jahrhundert flächendeckend vertreten. Auch thematisch sind die hier vorgestellten Geschichten bunt gemischt.

Johann Felix Adauctus Haslberger
1731-1809

Eine vergessene Chronik des Erzbistums Salzburg

Historiker haben manchmal das Pech, dass ihre bedeutendsten Werke, da diese nie im Druck erschienen sind, in Vergessenheit geraten und erst lange Zeit später nach Wiederentdeckung entsprechend gewürdigt werden. Ein vergleichbares Beispiel gibt die Chronik des Erzbistums Salzburg von Johann Felix Adauct Haslberger[1], des Pfarrvikars von Thalgau, dessen Hauptwerk – in der Bayerischen Staatsbibliothek in München liegend – lange Zeit kaum beachtet wurde.

Johann Felix Adauct Haslberger wurde am 29. August 1731 in Salzburg geboren. Seine Eltern waren der hochfürstliche Küchenschreiber Wolfgang Nikolaus Haslberger und Maria Rosina geb. Kleiber.[2] Die geistliche Ausbildung erhielt er unter anderem ab 1752 im Bartholomäer-Institut. Am 20. September 1755 wurde er in der Mirabellkapelle in Salzburg zum Priester geweiht.[3] Seine erste Anstellung erhielt Haslberger als Koadjutor in Miesenbach; 1767 wurde er Provisor in Tweng im Lungau, 1768 Kooperator in Miesenbach auf dem Valentinsbenefizium in Zell, 1775 Vikar in Unternberg im Lungau, 1776 Pfarrvikar in Siezenheim, schließlich erhielt er 1789 die Stelle als Pfarrvikar in Thalgau.[4]
Vermutlich begann er als Hilfspriester in Miesenbach seine in Latein verfasste Chronik des Erzbistums Salzburg zu schreiben. So konnte er bereits den ersten Band im Umfang von 1.703 Seiten im Jahr 1758 vollenden; den zweiten Band mit 1.338 Seiten schloss Haslberger 1761 ab, die letzten beiden Bände – Band drei hat 1.826 und Band vier 1.896 Seiten – beendete der Autor in den Jahren 1765 und 1782; somit umfasst die gesamte Chronik 6.763 Seiten.[5] Es ist geradezu beeindruckend, wie es einem einfachen Hilfspriester gelang, über mehrere Jahrzehnte hinweg solch ein monumentales Werk zu schaffen.

Die Chronik selbst ist mit tuschähnlicher Tinte in großer Schrift geschrieben und Anfänge und Ende sind mit originellen Oramenten verziert, weiter sind zahlreiche gemalte bildliche Darstellungen wie beispielsweise Wappen eingefügt. Haslberger agiert dadurch vor allem auch als Künstler. Weiter ist die Chronik noch ganz im Zeitgeist des Barock gehalten; so gliedert der Autor sein Werk in Jahrhunderte und überschreibt diese mit Mottos, Emblemen und Allegorien unter reicher Verwendung von Chronogrammen.[6]

Der Aufklärung stand Haslberger nicht besonders offen gegenüber. Dies brachte ihm harsche Kritik ein, vor allem durch seinen geistlichen Kollegen Lorenz Hübner, der ihm den Beinamen *„verschrobenster Mönchskopf des Landes"* gab. Auch seinem Landesherrn, Fürsterzbischof Hieronymus Colloredo, war er abgeneigt. Er hegte viel mehr Sympathien für den Kurfürsten von Bayern, Karl Theodor. So kam es auch dazu, dass er sein Monumentalwerk im Jahr 1799 letzterem widmete.[7] Die vier großformatigen Bände wurden noch im selben Jahr nach München gebracht. Bedauerlicherweise blieb die erhoffte Anerkennung von bayerischer Seite aus. Die Chronik selbst geriet fast schon in Vergessenheit. Heute befindet sie sich im Bestand der Handschriftensammlung der Bayerischen Staatsbibliothek in München.

Erst der bekannte Historiker Franz Martin, von 1924 bis 1950 Leiter des Salzburger Landesarchivs, beschäftigte sich in aller Ausführlichkeit mit dem Monumentalwerk von Haslberger und veröffentlichte Auszüge daraus 1927, 1928 und 1929 in den „Mitteilungen der Gesellschaft für Salzburger Landeskunde".[8]

Johann Felix Adauctus Haslberger verstarb schließlich am 2. September 1809 in Thalgau.[9] Abschließend sei noch erwähnt, dass Haslberger in Thalgau über eine stattliche Bibliothek verfügte, die bei seinem Tod einen Bestand von 1.118 Bänden aufweisen konnte.[10] Somit kann man ihn zurecht als verkanntes Genie seiner Zeit sehen, dessen Lebenswerk bis heute gänzlich unbekannt ist.

Georg Socher, OSB
1747-1807

Ein umfangreicher Zeitzeugenbericht aus der Franzosenzeit

Zeitzeugenberichte bilden für die Nachwelt eine erzählende Quelle von großem Wert. Im ländlichen Raum waren es nicht selten Priester, welche Aufzeichnungen über das Alltagsgeschehen erstellten, Bericht zu kriegerischen Ereignissen erstatteten und Tagebücher führten. Für die napoleonische Zeit hat solch eine Quelle der Pfarrer von Straßwalchen, der Benediktiner Georg Socher hinterlassen.

Georg Socher wurde am 6. August 1747 in Neumarkt am Wallersee geboren und auf den Namen Franz Ignaz getauft; seine Eltern waren der Landmann Ignaz Socher und Maria Franziska geb. Pfizer.[11] Seine Profess legte er am 28. Oktober 1765 in Mondsee ab. Die Priesterweihe fand 1771 statt. Noch im selben Jahr wurde er Professor an der Hauslehranstalt in Mondsee. 1774 war er als Kooperator in Straßwalchen tätig; weiter war er bis 1775 Professor für Philosophie an der Universität Salzburg. Ins Kloster zurückgekehrt, wurde er dort Hauslehrer und übernahm außerdem die Ämter des Archivars und des Priors. Im Jahr 1791 erhielt er schließlich die Pfarre Straßwalchen übertragen.[12]

Als im Jahr 1801, nach der Schlacht bei Hohenlinden, die französischen Truppen in das Salzburger Land einrückten, verfolgte Pater Georg Socher in Straßwalchen das Geschehen und schrieb seine Erlebnisse nieder; der dadurch entstandene Zeitzeugenbericht[13] bildet heute eine erzählende Quelle von großem lokalgeschichtlichen Wert. Hier sei der Beginn der Schilderungen Pfarrer Sochers in Auszügen wiedergegeben. Der Bericht setzt im Dezember 1800 ein; zu diesem Zeitpunkt trafen in der Schlacht geschlagene bayerische Truppen bei Socher ein. Das Vorrücken der Franzosen war somit nur noch eine

Frage der Zeit: *„Denn es vergiengen wenige Tage, so hörten wir schon von hier aus den Donner der Canonen, zwar Anfangs nur in der Ferne, aber bald, und besonders am 14ten December schon so nahe, daß wir jeden Schuß deutlich unterschieden konnten."*[44] Es dauerte nur noch zwei Tage, bis die französischen Truppen Straßwalchen erreicht hatten: *„Endlich brach der fürchterliche 16te December an, an welchem wir den Feind um so gewisser erwarteten, weil wir wußten, daß er Salzburg schon besetzet hatte. [...] Nur war noch ein einziger Kaiserlicher, in der Schlacht bey Salzburg am Fuße verwundeter Kürassier-Officier in dem Pfarrhofe. Allein auch der sagte um 2 Uhr Nachmittags, daß es die höchste Zeit sey, sich zu entfernen, schwang sich auf sein Pferd, und verließ uns, voll der bangen Ahnung. Alles glich jetzt einer Windstille, auf welcher bald das schrecklichste Ungewitter folgen würde."*[45] Den letzten sich zurückziehenden Österreichern folgte bald schon der Beschuss Straßwalchens durch französische Geschütze, wieder berichtet Pfarrer Socher: *„Doch nicht allein der Pfarrhof, sondern auch eine Menge anderer Gebäude des Marktes waren den Wirkungen des feindlichen Geschützes ausgesetzt; und ich begreife es noch heut zu Tage nicht, wie es möglich war, daß kein einziges in Brand gerieth, da doch unter andern eine Haubitzgranate mitten in meinem Zehendstadel zersprang, und die Trümmer davon sich auf dem herumliegenden Strohe zerstreuten, wo sie die Drescher nach einiger Zeit gefunden haben."*[46] Die Ankunft der französischen Truppen schildert Socher schließlich mit folgenden Worten: *„Ehe noch das Canoniren ein Ende nahm, erschienen schon einige von den, im Vortrabe der Französischen Armee befindlichen Polnischen Soldaten, deren Gesichter von dem beständigen Feuern ganz berusset waren, mit Reitern untermischt, und durchsuchten mit vorgehaltenem Gewehre alle Winkel, um die, da vielleicht noch versteckten Oesterreicher aufzuspüren."*[47] Die folgende Zeit sollte für den Pfarrer von Straßwalchen geprägt sein von ständigen Einquartierungen der Besatzungstruppen. Schließlich sollte diese bedrückende Zeit im April 1801 enden: *„Je näher nun die Zeit der Erlösung von diesen lästigen Gästen herankam, desto mehr war darnach geseufzet; und ich erinnere mich noch lebhaft, daß mir von Tag zu Tag der Ton der Trommel widriger ward, deren sie sich auf ihren Märschen, gerade wie die Bärentreiber, bedienten. Endlich erschien zu unserer aller unaussprechlichem*

Vergnügen diese Zeit; und der 6te April 1801, an welchem ich den letzten Franzosen hier sah, wird mir eben so, wie der 16te December 1800, an welchem ich den ersten erblickte, immer unvergeßlich seyn."[48]

Georg Socher sollte seinen Pfarrkindern noch sechs Jahre als Seelsorger erhalten bleiben; er verstarb am 26. November 1807 im Alter von 60 Jahren in Straßwalchen. Seine letzte Ruhestätte fand er am 28. November auf dem örtlichen Friedhof.[19]

Peter Kröll
1749-1810

Förderer der Verbreitung der Erdäpfel im Lungau

Als im späten 18. Jahrhundert die Kartoffel heimisch gemacht werden sollte, war es nicht selten die Aufgabe des Ortspfarrers, diese Feldfrucht beim Volk zu verbreiten. Zur napoleonischen Zeit hat sich im Lungau der Pfarrer von Mariapfarr, Peter Kröll[20], dieses Anliegens angenommen. So hat die Region nicht zuletzt einem Priester ihre berühmten „Eachtlinge" zu verdanken.

Peter Kröll wurde am 5. Mai 1749 in Hinterglemm geboren. Seine Eltern waren der Bauer und Weber Andreas Kröll und Magdalena geb. Neumayr.[21] Bereits der örtliche Koadjutor bemerkte an Kröll Eigenschaften, *„welche einen würdigen Seelsorger erwarten liessen"*; woraufhin Kröll ihn zum Studieren *„beförderte"*; für die geistliche Ausbildung ging er schließlich nach Salzburg.[22] Am 13. Juni 1778 wurde Peter Kröll im Dom zum Priester geweiht.[23] Anfangs erhielt er eine Stelle als Koadjutor in Großarl, die er 13 Jahre lang besetzte, 1793 kam er als Vikar nach Thomatal in den Lungau, 1796 übernahm er die Seelsorge in Unterberg, 1798 schließlich wurde er Pfarrer in Mariapfarr.[24]

Ein großes Anliegen von Peter Kröll war es, die damals noch kaum bekannten Erdäpfel im Lungau heimisch zu machen. Die ländliche Bevölkerung stand landwirtschaftlichen Neuerungen nicht selten eher kritisch gegenüber. So lag es oft am Pfarrer, diesem Misstrauen entgegenzuwirken. Peter Kröll gelang es schließlich, erfolgreich die Kartoffel zu verbreiten, indem er diese in großer Menge an die Armen verschenkte.[25]

Der Pfarrer von Mariapfarr hatte auch ein offenes Ohr für den medizinischen Fortschritt. So war er ein Vertreter der damals nötigen Pockenimpfung, auch hier fand er oft kritische Eltern vor, die ihre Kinder nicht impfen lassen wollten. So heißt es hierzu passend: *„Die Eltern liessen bald im Vertrauen auf ihren rechtschaffenen Seelsorger ihre Kinder impfen, und bald sah man die meisten ihrem Beispiele folgen."* Nicht selten hörte man Eltern sagen: *„Ich halte zwar selbst nicht viel auf das Impfen, aber weil es der Herr Pfarrer so sehr empfiehlt, so muß es doch etwas Gutes seyn. Viele Kinder verdanken ihm also aus diesem Grunde ihr Leben."*[26]

Diesen Pfarrer kann man somit als einen Wegbereiter des Fortschritts im Lungau des frühen 19. Jahrhunderts bezeichnen.

Peter Kröll verstarb am 7. April 1810 im Alter von 61 Jahren in Mariapfarr, die Beerdigung fand am 10. April statt.[27] Heute erinnert noch ein sehr schön gestaltetes Epitaph in der Pfarrkirche an ihn.

Matthäus Reiter
1750-1828

Der Bestsellerautor und seine umfangreiche Pfarrhofbibliothek

Im späten 18. und frühen 19. Jahrhundert erhielt der Dorfpfarrer vielerorts den Charakter eines Volksbildners. Ein Paradebeispiel für das damalige Erzstift Salzburg ist mit dem Pfarrer von Ainring, Matthäus Reiter[28], gegeben, der eben nicht nur als Seelsorger tätig war; er erlangte vor allem als Autor religiöser Werke, deren Zielgruppe die einfache Bevölkerung war, überregionale Bekanntheit.

Matthäus Reiter wurde am 27. Oktober 1750 in Salzburg geboren. Seine Eltern waren der Fasszieher Matthäus Reiter und Anna geb. Risser.[29] Ab dem Jahr 1772 besuchte er das Klerikalseminar in Salzburg; am 10. Juni 1775 empfing er er in der Hofkapelle im Schloss Mirabell die Priesterweihe;[30] 1776 kam er zunächst als Hilfspriester nach Fridolfing, von 1780 bis 1785 war er als Kaplan der Ursulinerinnen in Salzburg tätig; 1787 bis 1796 betreute er als Stadtkaplan die hiesige Pfarre St. Andrä; 1796 wurde Matthäus Reiter schließlich Pfarrer von Ainring.[31]

In seiner neuen Funktion setzte er sich schon früh für die Belange seiner Pfarrkinder ein. So ist beispielsweise bekannt, dass durch seinen Einsatz eine mögliche Hungersnot in der Region verhindert wurde. Ein Zeitgenosse berichtet: *„Ich denke noch immer mit Vergnügen daran, wie sich einst Herr Pfarrer Reiter in Ainring (1½ Stunden von Salzburg) eiligst aufmachte, um dieses Produkt (Buchweizen) in seiner Pfarre bekannt zu machen als ein Hagel kurz vor der Ernte alle Saatfelder verwüstet hatte. Ohne dieses Rettungsmittel hätte es in seiner Gemeinde übel ausgesehen.'*[32] Weiter gilt Matthäus Reiter in Ainring als Förderer des örtlichen Schulwesens und Freund der Armen.[33]

Sein Hauptverdienst liegt jedoch in seiner schriftstellerischen Tätigkeit:[34] Im Jahr 1785 veröffentlichte er sein „Katholisches Gebethbuch zur Beförderung des wahren Christenthums unter nachdenkenden und gut gesinnten Christen". Dieses Werk erwies sich als wahrer Bestseller; bereits 1789 folgte eine zweite, neu bearbeitete und 1790 eine dritte Auflage. Matthäus Reiter selbst sollte noch eine 13. überarbeitete Auflage dieses Buches 1812 erleben. Schließlich erreichte das Gebetbuch 1845, somit Jahrzehnte nach dem Tod des Autors, noch eine 19. Auflage. Das Werk war weit über die damaligen Grenzen des Salzburger Landes bekannt geworden. So wurde es bereits 1786 im „Journal von und für Deutschland" entsprechend gewürdigt.[35] Einen weiteren schriftstellerischen Erfolg landete Reiter bereits 1786 durch seine Arbeit „Gedanken über das allgemeine Mittel, aufgeklärtes, praktisches Christentum und vernünftigen Gottesdienst unter dem Volke zu verbreiten durch den Weg der Belehrung zur Prüfung und Ausübung vorgelegt". Sie wurde im „Journal von und für Deutschland" sowie in der damals ebenfalls überregional bekannten „Mainzer geistlichen Wochenschrift" abgedruckt.[36] Matthäus Reiter veröffentlichte in seiner priesterlichen Laufbahn noch zahlreiche weitere religiöse, für das Volk geschriebene Werke, deren ausführliche Behandlung den Umfang dieser kurzen Biographie bei weitem sprengen würde. Hier sei nur noch angeführt, dass keine seiner nachfolgenden Arbeiten mehr so erfolgreich war wie sein Gebetbuch aus dem Jahr 1785.

Überregionale Bekanntheit erlangte auch die Pfarrhofbibliothek des Pfarrers von Ainring, diese konnte im Jahr 1828 einen ansehnlichen Bestand von 615 Werken vorweisen. In seinem Testament verfügte Matthäus Reiter, dass diese, um *„ihren Fortbestand und eine zweckmäßige Verwendung zu sichern [...] stets zum Gebrauche des Kapitel-Klerus von Teisendorf in dem Pfarrhause zu Ainring aufgestellt bleiben soll"*.[37]

Matthäus Reiter verstarb schließlich am 28. Mai 1828 im Alter von 78 Jahren in Ainring.[38]

Lorenz Hübner
1751-1807

Ein Salzburger Schriftsteller der Aufklärungszeit

Beschäftigt man sich mit der Geschichte der Stadt Salzburg, so wird man an dem Namen Lorenz Hübner[39] nicht vorbeikommen. Noch heute werden seine Arbeiten geschätzt und vielfach zitiert. Er schrieb vor über 200 Jahren und gibt durch seine Person ein hervorragendes Beispiel für einen Priester der Aufklärungszeit, der neben seiner Tätigkeit als Seelsorger vor allem kritischer Historiker, aber auch Reisebuchautor, Zeitungsredakteur und Freidenker war.

Lorenz Hübner wurde am 2. August 1751 in Donauwörth geboren. Seine Eltern waren der bayerische Feldwebel Johann Kaspar und Monika Anna Hübner.[40] Nach dem Besuch des Gymnasiums in Amberg trat Hübner 1767 dem Jesuitenorden bei, den er bald wieder verließ. Ab 1770 studierte er Philosophie, ab 1772 auch Theologie an der Universität in Ingolstadt. 1774 begann er mit dem Studium der Jurisprudenz. 1774 empfing er im Dom in Freising die Priesterweihe.[41] Anfänglich war Hübner als Sprachlehrer für Französisch und Italienisch tätig. 1775 wurde er Professor für Moralphilosophie am Gymnasium in Burghausen. 1779 wurde er Redakteur der „Münchner Staatszeitung" und der „Münchner Gelehrten Beyträge". Durch die verschärften Zensurbestimmungen unter Kurfürst Karl Theodor wurden die Arbeitsbedingungen für Hübner in Bayern zunehmend schwieriger.[42]

Mit Fürsterzbischof Hieronymus Graf Colloredo fand Hübner einen Landesherrn, der ebenfalls der Aufklärung offen gegenüberstand. Eben dieser Aspekt trug entscheidend dazu bei, dass Hübner 1783 nach Salzburg ging. Dort wurde er Redakteur und Herausgeber der

„Oberdeutschen Staatszeitung", 1788 übernahm er auch die Redaktion der „Oberdeutschen allgemeinen Literatur-Zeitung".[43] Über eben diese Printmedien war es ihm möglich seine aufklärerischen Ansichten und Ideen in der Öffentlichkeit zu verbreiten.

Auch als Reisebuchautor wurde Lorenz Hübner bekannt. Bis heute ist seine „Beschreibung der hochfürstlichen-erzbischöflichen Haupt- und Residenzstadt Salzburg" ein Grundlagenwerk für Historiker geblieben.[44] Darin gibt Hübner einen einmaligen Einblick in das Leben im Salzburg der Aufklärungszeit.

Weiter ist sein „Physikalisches Tagebuch für Freunde der Natur" hervorzuheben, das in den Jahren 1784 bis 1787 erschien.[45] Hierin behandelt Hübner unter anderem Beobachtungen zum Wetter, Erfindungen beispielsweise im Bereich der Ballonfahrt sowie physikalische Versuche unter anderem mit unterschiedlichen Prismen.

Zuletzt sei noch auf seine Tätigkeit als Kartograph verwiesen. So stammt aus seiner Hand eine Straßenkarte des Erzstiftes. Diese wurde Beilage seines Buches „Reise durch das Erzstift Salzburg".[46]

Im Jahr 1799 ging Lorenz Hübner schließlich zurück nach München; dorthin war er als Mitglied der Bayerischen Akademie der Wissenschaften berufen worden. Er starb in München am 8. Februar 1807; seine letzte Ruhestätte fand er auf dem alten Südlichen Friedhof der Stadt.[47]

Werigand Rettensteiner, OSB
1751-1822

Freund und Förderer der memoria Michael Haydns

Salzburg und die Musik; heute ist diese Kombination engstens mit einem Namen verbunden: Wolfgang Amadeus Mozart! Kaum bekannt hingegen ist ein anderer Komponist, der mit dieser Stadt im Zusammenhang steht und dort sogar seine letzte Ruhestätte gefunden hat; die Rede ist von Michael Haydn. Im 18. und frühen 19. Jahrhundert hatte dieser einen guten Freund und Förderer aus dem geistlichen Stand, den Benediktinerpater Werigand Rettensteiner, der unter anderem Pfarrer in Arnsdorf war.

Werigand Rettensteiner wurde am 8. Januar 1751 in Salzburg geboren und auf den Namen Franz Anton getauft; seine Eltern waren der Drechslermeister Johann Rettensteiner und Anna Maria geb. Wagner.[48] Schon als Konventschüler war der spätere Priester Michaelbeuern eng verbunden. Im Jahr 1773 legte er dort die Ordensgelübde ab. Seine Priesterweihe fand am 23. Dezember 1775 im Dom in Salzburg statt.[49] Von 1783 an war er Kooperator in Obersulz in Niederösterreich; ab 1787 hatte er die Seelsorge in Lamprechtshausen-Arnsdorf; ab 1803 in Seewalchen am Attersee. Anschließend kehrte er als Ökonom nach Michaelbeuern zurück. 1816 übernahm er die Pfarre Dorfbeuern, ab 1820 war er Seelsorger in Perwang.[50]

Eine enge Freundschaft verband ihn mit dem Komponisten Michael Haydn. So nannte ihn der Komponist in einem Brief vom 8. Mai 1800 *„erster und wahrer Freund"*; diese enge Verbindung zeichnete sich auch im musikalischen Bereich aus. So verfasste Rettensteiner Gedichte, die Haydn wiederum vertonte.[51] Von den Arbeiten des Komponisten fertigte der Priester zahlreiche Kopien an, die heute noch im Musikarchiv des Klosters Michaelbeuern verwahrt werden. Werigand Rettensteiner agierte auch als Reisebegleiter von Michael Haydn 1801 nach Wien.

In Arnsdorf, wo Rettensteiner 1787 bis 1803 Seelsorger war, entwickelte sich ebenfalls eine enge Zusammenarbeit mit Michael Haydn. Dort entstand das sogenannte Männerquartett. Außerdem zählen die Jahre 1795 und 1796, deren Sommermonate er in Arnsdorf verbrachte, zu den produktivsten des Komponisten.[52] Somit kann Werigand Rettensteiner auch als bedeutende Inspiration Haydns gewertet werden; als der Priester schließlich einen neuen Seelsorgeposten antrat, beklagte er Jahre später rückblickend: *„1803 kam ich von Arnsdorf nach Seewalchen und der Lieder wurden immer weniger."*[53]

Unter Rettensteiners Mitwirkung entstanden im frühen 19. Jahrhundert, unmittelbar nach dem Tod von Michael Haydn 1806, mehrere Druckwerke über seinen Freund. Zunächst ist hierbei die „Biographische Skizze" zu nennen, die zwar anonym verfasst wurde, jedoch in ihrem Hauptinhalt vermutlich auf Rettensteiner zurückgeht.[54] Im Jahr 1814 erschien der „Catalog über die bekannten Compositionen des Herrn Michael Haydn".[55] Auf Rettensteiners Initiative geht schließlich auch die Errichtung eines Haydn-Denkmals in St. Peter in Salzburg zurück.

Werigand Rettensteiner starb am 7. Oktober 1822 im Alter von 71 Jahren in Perwang.[56] Dort fand er auch seine letzte Ruhestätte, wie ein heute noch erhaltenes ansehnliches Epitaph zeigt.

Leopold Michl
1764-1843

Botaniker im Salzburger Land

Im frühen 19. Jahrhundert blühte vor allem in den Alpenregionen das Interesse an der heimischen Botanik auf. Es entstanden Vereine, die sich diesem naturwissenschaftlichen Zweig widmeten. Auch zahlreiche Vertreter des Klerus schlossen sich der Bewegung an und begaben sich auf Exkursion in der Heimat. Der Priester Leopold Michl[57], der zeitweise die Pfarre Mauterndorf im Lungau betreute, wurde durch seine Forschungen im Bereich Botanik überregional bekannt.

Leopold Michl wurde am 29. Dezember 1764 in Salzburg-Nonntal geboren; seine Eltern waren der hochfürstliche Oberwaltmeister Christoph Michl und Magdalena geb. Stainbichler.[58] Ab 1785 besuchte er das Klerikalseminar; am 20. September 1788 fand im Dom in Salzburg seine Priesterweihe statt.[59] 1805 wurde er Pfarrer in Eschenau, 1810 kam er in gleicher Funktion nach Mauterndorf, 1815 nach Elixhausen, 1821 abermals nach Mauterndorf und 1827 übernahm er erneut die Pfarrei Eschenau. 1835 trat er schließlich in den Ruhestand.[60]

Schon sehr früh, bereits als Hilfspriester, widmete sich Michl der Pflanzenkunde: Er verwendete damals bereits seine Mußestunden zum Studium der Botanik und sammelte fleißig in den Umgebungen seines jeweiligen Seelsorgebezirkes. *„Er gieng dabei nicht heikig zu Werke. Er pflückte die Pflanzen ab, schob sie in die umfangreichen Säcke seines Rockes, legte sie zu Hause sorglos zwischen Papier und bekam allerdings ein äußerlich wenig ansehnliches Herbarium"*, welches jedoch durch die den Pflanzen beigefügten kritischen Bemerkungen und durch die genaue

Angabe der Standorte der Pflanzen eine bedeutende Quelle für das Wissen über die Flora Salzburgs bildet.[61]

Michl wurde auch schriftstellerisch tätig und veröffentlichte mehrere Beiträge in botanischen Werken und Zeitschriften, so zum Beispiel in Hoppes botanischem Taschenbuch, das im frühen 19. Jahrhundert eines der einschlägigen Werke im Bereich der Pflanzenkunde war. Darin findet sich 1804 ein Bericht, der mit *„Nachträge zur Flora von Salzburg; von dem Herrn Cooperator Leopold Michl"* betitelt ist. Darin beschreibt der Autor seine Erfahrungen mit der Pflanzenkunde: *„Dieser reizenden Wissenschaft (Botanik) habe auch ich nun mehrere Jahre hindurch meine Musestunden gewidmet, durch sie mich immer mehr an stillere Freuden gwöhnt, an Vergnügen der Einsamkeit."*[62] In der Folge zählt Michl zahlreiche Fundstellen der heimischen Flora auf, so zum Beispiel eine *„Iris germanica. Aus dem Garten entflohen, verwildert am Pfarrhofe zu Berndorf"* oder ein *„Bromus multiflorus. An der Münchner Chaussee bei Otting"*, beide von Kooperator Michl im Sommer 1804 entdeckt; weiter stellte der Kooperator fest: *„Narcissus poeticus. Kommt unter Obstbäumen beim Pfarrhofe Berndorf mit Iris germanica und Poeonia officinalis verwildert vor."*[63] Auch für den Botaniker von heute stellen diese Fundortbeschreibungen eine wertvolle Quelle für die Entwicklung der Flora im Salzburger Land dar.

Leopold Michl zeichnete sich in seiner Tätigkeit als Botaniker vor allem auch durch seine über Jahrzehnte andauernde Sammeltätigkeit aus, die dadurch einen Universalblick auf das Salzburger Land erlaubt. Seine Sammlung, bestehend aus zahlreichen Manuskripten, sowie sein Herbarium hinterließ er dem Stift St. Peter in Salzburg.

Er verstarb am 7. April 1843 im Alter von 78 Jahren in Salzburg; seine letzte Ruhestätte fand er am 9. April auf dem Sebastiansfriedhof.[64]

Johann Nepomuk Hiernle
1765-1850

Bienenlehrer und Ziehvater von Joseph Mohr

Der 1818 in Oberndorf eingesetzte Hilfspriester Joseph Mohr wurde überregional bekannt als der Schöpfer des Liedtextes „Stille Nacht, Heilige Nacht". So existieren zu ihm inzwischen zahlreiche Biographien; hingegen kaum erforscht ist das Leben seines Förderers, des Salzburger Dom-Chorvikars Johann Nepomuk Hiernle, der zudem ein regional bedeutender Imker war.[65]

Johann Nepomuk Hiernle wurde am 13. Dezember 1765 in Landshut geboren; die Eltern werden mit Johann Nepomuk Ferdinand, Choralist am Stift bei St. Martin und Castulus, und Maria Elisabeth Sabina angeführt.[66] Somit wurde dem späteren Salzburger Dom-Chorvikar sein musikalisches Talent, das in späteren Jahren wiederholt großes Lob erhalten sollte, schon in die Wiege gelegt. Die geistliche Ausbildung erhielt Hiernle am Lyzeum in Freising und an der Universität in Ingolstadt.[67] Die Priesterweihe empfing er am 1. Dezember 1789.[68] Noch im selben Jahr erhielt er eine Anstellung als Choralist am Domstift in Freising. Diese Zeit sollte jedoch nicht lange andauern, denn bereits am 15. Februar 1791 wechselte er als Dom-Chorvikar nach Salzburg. Schon damals wurde ihm eine hervorragende musikalische Begabung attestiert, die ihm vermutlich bereits durch sein Elternhaus mitgegeben war. In einem Zeugnis aus seiner Anfangszeit in Salzburg wird dieses Talent mit den Worten *„Er ist wohl bewandert in der Choral- wie Instrumentalmusik"* gelobt.[69]

Hiernle wurden in seiner neuen Funktion in Salzburg außerdem mehrere Benefizien verliehen; so im Jahre 1801 das Benefizium „St. Gregorii" und 1809 die Benefizia „St. Erasmi" und „St. Joannis in crypta"; diese brachten dem Dom-Chorvikar neben seinem regulären Gehalt weitere Einnahmen.[70]

Wann und wo genau die erste Begegnung zwischen Johann Nepomuk Hiernle und Joseph Mohr stattgefunden hat, ist nicht bekannt. Eine nachweisbare Förderung durch den Dom-Chorvikar ist schließlich in den Jahren 1809 bis 1815, der Zeit, in der Mohr in Kremsmünster und Salzburg studierte, erfolgt. Gesichert ist auch, dass Hiernle 1809 als „Pflegvater" Mohrs galt, da er in dieser Funktion im Schulkatalog des Lyzeums in Kremsmünster erwähnt wird.[71] Näheres über die Art der Förderung, die Joseph Mohr durch Johann Nepomuk Hiernle zuteil wurde, ist nicht bekannt; vermutlich setzte sie sich aus einer Mischung von finanzieller und geistlicher Unterstützung zusammen. Zeitweise wohnte Mohr auch bei seinem Pflegvater in Salzburg. Der enge Kontakt zu Johann Nepomuk Hiernle dürfte unmittelbar nach der Priesterweihe Joseph Mohrs am 21. August 1815 abgerissen sein, da der Neupriester bereits im September desselben Jahres an seinen neuen Dienstort als Koadjutor nach Mariapfarr in den Lungau reisen musste. Ob und wie Joseph Mohr den Kontakt zu Johann Nepomuk Hiernle in der Folgezeit pflegte, darüber ist nichts Näheres bekannt, jedoch kann davon ausgegangen werden, dass beide Priester weiterhin in brieflichem Kontakt standen.

Mit besonderer Leidenschaft widmete sich Johann Nepomuk Hiernle der Imkerei. In diesem landwirtschaftlichem Zweig hatte er sich bereits im frühen 19. Jahrhundert einen Namen als sogenannter „Bienenlehrer" gemacht. Zudem zählte er zu den frühen Mitgliedern des 1809 ins Leben gerufenen „Landwirtschaftlichen Vereins in Baiern"; im Jahr 1815 war er diesem Zusammenschluss als ordentliches Mitglied beigetreten.[72] Im selben Jahr wurden seine herausragenden Leistungen auf dem Gebiet der Imkerei im „Wochenblatt des landwirthschaftlichen Vereins in Baiern" mit folgenden Worten gewürdigt: *„Seinem unermüdeten Eifer und Fleiße, und seinen Kenntnissen haben*

Wir vorzüglich die Vermehrung und Erhaltung der Bienenstöcke dieser Gegend während der dießjährigen ungünstigen Witterung zu danken."[73]

Am 15. Februar 1841 konnte Johann Nepomuk Hiernle, der inzwischen das stattliche Alter von 75 Jahren erreicht hatte, das Jubiläum 50 Jahre als Dom-Chorvikar in Salzburg begehen. Anlässlich dieser Feierlichkeit wurde dem Jubilar von Kollegen und Freunden ein aufwändig gestaltetes Chronogramm gefertigt.[74] Dieses spielt in seiner Zahlensymbolik auf den 15. Februar 1791, den Tag der Amtseinsetzung Hiernles an.

Dem Dom-Chorvikar waren schließlich noch weitere neun Jahre in Salzburg vergönnt. Johann Nepomuk Hiernle verstarb am 30. November 1850 im hohen Alter von 84 Jahren. Er wurde am 2. Dezember auf dem Sebastiansfriedhof beigesetzt.[75] Die „Wiener Zeitung" schreibt hierzu treffend: *„Heute wurde der in Ehren ergraute älteste Dom-Chorvikar und Senior des gesammten Clerus der Erzdiöcese Salzburg, der hochwürdige Herr Joh. Nep. Hiernle, zu Grabe getragen. Die Leichenbegleitung war eine sehr zahlreiche."*[76] Sein Grab ist heute noch auf dem Sebastiansfriedhof erhalten.

Joseph Waldmann, OFM
1765-1831

Ein Volksliedsammler zu Beginn des 19. Jahrhunderts

Volkslieder können durchaus als Vermächtnis der einfachen Bevölkerung betrachtet werden. Von Generation zu Generation mündlich überliefert, dienen sie der Unterhaltung und der Belustigung des Volkes. Der Franziskaner Joseph Waldmann hat bereits im frühen 19. Jahrhundert begonnen dieses Liedgut zu sammeln.

Joseph Waldmann wurde 1765 in Augsburg geboren. Seine Priesterweihe fand am 3. April 1790 statt.[77] Von 1797 bis 1798 war er Seelsorger in St. Georgen im Pinzgau, ab 1809 Kuratbenefiziat in Aschau; 1814 wurde er Vikar in Krimml; ab 1821 wirkte er in Viehhofen; ab 1823 in Vigaun und ab 1827 schließlich war er Seelsorger in Bruck an der Großglocknerstraße.[78]

Im frühen 19. Jahrhundert sammelte Joseph Waldmann altes Liedgut aus dem Salzburger Land. So geht ein eigener Bestand, datiert auf das Jahr 1819, mit teils sehr bekannten Volksliedern auf ihn zurück.[79] Darin finden sich mehrere Lieder, die damals in der Bevölkerung stark verbreitet waren, so beispielsweise das Lied einer Sennerin mit dem Titel „Juhey, was soll mir einer geben".[80] In insgesamt acht Strophen wird darin das Leben einer Sennerin thematisiert und teils auch verherrlicht. Für die Popularität des Liedes spricht die weite Verbreitung in Österreich in der ersten Hälfte des 19. Jahrhunderts. So findet es sich in verschiedenen Varianten mit unterschiedlich vielen Strophen. Vermutlich handelt es sich hierbei auch um ein Auftrittslied, das in Volksstücken Verwendung fand.[81] Auch das bekannte „Stammen-Lied" „Wollts wissen, wer mein Vater ist, wollts wissen, wer i bin?" ist im Bestand von Waldmann zu finden.[82] Dieses war im 19.

Jahrhundert in Europa sowie auch in Amerika bei den Pennsylvanien-Deutschen verbreitet.[83]

Durch das Sammeln der Lieder schuf Joseph Waldmann gleichzeitig einen Beleg dafür, dass diese im frühen 19. Jahrhundert eben vermutlich auch im Salzburger Land gesungen wurden.

Joseph Waldmann starb am 22. Februar 1831 in Bruck an der Großglocknerstraße im Alter von 66 Jahren, ebendort fand er auch seine letzte Ruhestätte.[84]

Joseph Gelasius Hellauer, CReg
1768-1836

Förderer der Seidenproduktion

Im 18. und 19. Jahrhundert wurde hierzulande wiederholt der Versuch unternommen, die Seidenproduktion heimisch zu machen. Auch einige Dorfpfarrer schlossen sich dieser Strömung an und wurden in besagtem landwirtschaftlichen Zweig tätig. Einer dieser Vertreter war Joseph Hellauer, der 1813 bis 1821 Pfarrer von Mauterndorf im Lungau war.

Joseph Hellauer wurde am 13. Dezember 1768 in Breitenberg geboren, seine Eltern waren Matthias Hellauer und Ursula geb. Saxinger.[85] Am 13. September 1791 legte er im Augustiner-Chorherrenstift St. Nikola bei Passau die feierliche Profess ab und erhielt den Ordensnamen Gelasius.[86] Seine Priesterweihe fand am 7. September 1792 statt. Seit 1796 war er Kooperator in Grieskirchen (Diözese Linz). Im Jahr 1813 wurde ihm die Pfarre Mauterndorf im Lungau übertragen. 1821 schließlich erhielt er die Pfarrei Rattenkirchen.[87]

Überregional bekannt wurde er als erfolgreicher Ökonom im Bereich der sogenannten Seidenzucht. Für seine Leistungen auf diesem Gebiet erhielt er wiederholt Preise auf dem jährlich stattfindenden Zentral-Landwirtschaftsfest in München. So wurde ihm 1828 für seine herausragenden Leistungen die große silberne und 1831 die große goldene Medaille verliehen.[88] Hellauer unterrichtete jedoch auch als Lehrer im Bereich der Seidenproduktion; das „Wochenblatt des landwirthschaftlichen Vereins in Baiern" berichtet hierzu treffend: so sei *„Herr Pfarrer Joseph Hellauer zu Rattenkirchen [...] der erste Pfarrvorstand, der die Seidenzucht sowohl theoretisch als praktisch in seiner Pfarrschule mit Erfolg eingeführt hat"*.[89]

Auch im Lungau, den Joseph Hellauer bereits 1821 verlassen hatte, sprach die Bevölkerung vermutlich noch lange über diesen Ökonomie-Pfarrer und seine Versuche in der Seidenproduktion, denn noch 1869 war bekannt, dass dieser Seelsorger in der Region einst Seidenkokons gezüchtet hatte.[90]

Joseph Hellauer wurde im Bereich der Seidenzucht auch schriftstellerisch tätig. So verfasste er mehrere Berichte darüber, wie Seidenkokons bei Gichtanfällen benützt werden können. Diese fanden 1828 und 1829 Abdruck im „Wochenblatt des landwirthschaftlichen Vereins in Bayern".[91]

Joseph Hellauer verstarb am 2. Juni 1836 im Alter von 67 Jahren in Rattenkirchen, dort fand er auch seine letzte Ruhestätte.[92]

Matthias Rumpler
1771-1846

Ein Schulbuchautor des frühen 19. Jahrhunderts

Das Schulwesen im Salzburger Land war im frühen 19. Jahrhundert durchaus verbesserungsbedürftig. Oft fehlte es an brauchbaren Büchern für den Unterricht, die unter anderem auch dem Lehrpersonal als Ratgeber dienen konnten. Der Priester Matthias Rumpler nahm sich dieses Defizits an und schrieb hierzu mehrere Werke, die in der Folgezeit Einzug in die Elementarschulen des Landes halten sollten und dadurch zu einer Verbesserung der Lernverhältnisse führten.

Matthias Rumpler wurde am 3. Februar 1771 in Petting geboren.[93] Die Priesterweihe empfing er am 25. Mai 1793 im Dom in Salzburg.[94] 1801 wurde er Kanoniker am Kollegiatstift Maria Schnee; 1810 wurde ihm die Pfarre Altenmarkt im Pongau übertragen. Am 29. November 1832 erfolgte schließlich seine Ernennung zum Stiftsdekan des Kollegiatstiftes Seekirchen.[95]

Er zeichnete sich vor allem als Autor mehrerer Schulbücher aus, Grundlagenwerke, die Eingang in die Schulen des Landes fanden. So veröffentlichte er 1801 eine Arbeit mit dem Titel „Ueber den ersten Lese- und Schreib-Unterricht in Schulen".[96] Darin geht der Autor auf Buchstaben des Alphabets einzeln ein und erläutert sie in Bezug auf ihre Aussprache in Wörtern. Weiters wird das Lesen an sich näher behandelt und auf Lernmethoden hierzu eingegangen. So sollten die Kinder vor allem durch das Lesen von bereits bekannten Sprichwörtern Buchstaben und Wörter lernen. Im Jahre 1803 veröffentlichte Rumpler ein weiteres Werk, das dem Lesen-Lernen dienen sollte; es handelte sich hierbei um seine bekannte „Geschichte von Salzburg".[97] Dieses Buch war vor allem an die breite Bevölkerung sowie an die Jugend gerichtet. In einer einfach gehaltenen, leicht verständlichen Sprache versuchte der Autor einerseits Heimatgeschichte näher zu bringen, andererseits die Freude am Lesen zu wecken. Zuletzt sei in der Reihe der von Rumpler verfassten Lehrbücher auf die „Anleitung zur sittlichen Erziehung der Kinder" verwiesen, die bereits im Jahr 1800 erschienen war.[98] Damit verfasste der Priester einen Erziehungsratgeber für Eltern; er wendet sich dabei wieder an die breite Bevölkerungsschicht, so bildet seine Zielgruppe der „Bürger- und Bauernstand". Matthias Rumpler ist mit seinen Arbeiten im Bereich Schul- und Erziehungswesen einer der frühen pädagogischen Autoren des Salzburger Landes.

Er verstarb am 17. März 1846 im Alter von 75 Jahren in Seekirchen am Wallersee.[99]

Augustin Winklhofer
1771-1832

Auf den Spuren der römischen Geschichte im Lungau

Als im 19. Jahrhundert das Interesse an der eigenen Geschichte wuchs, betätigten sich so auch immer mehr Priester als Historiker. Besondere Faszination fanden manche Kleriker in der Erforschung der römischen Vergangenheit Iuvavums und seines Umlandes. Im Lungau findet sich mit Augustin Winklhofer[100] ein Pionier für die Erforschung dieser Epoche. Zahlreiche Aufzeichnungen hat er auf archäologischem Gebiet für die Nachwelt überliefert, welche die große Bedeutung des Lungaus für die römische Zeit hervorheben.

Augustin Winklhofer wurde am 6. Juli 1771 in Hallwang geboren; seine Eltern waren der Meßner Felix Winklhofer und Magdalena geb. Oberholzer.[101] Im Jahr 1791 trat er in das Klerikalseminar ein; seine Priesterweihe fand am 14. Juni 1794 im Dom in Salzburg statt.[102] Ab 1795 war er Koadjutor in Uttendorf im Pinzgau, Hallwang, Wagrain und in der Dompfarre in Salzburg; ab 1805 Vikar in Koppl und Tengling. 1812 erhielt er mit Altenhofen im Hausruckviertel seine erste Pfarre. 1816 wurde er Seelsorger in St. Michael im Lungau.[103]

Großes Interesse brachte er der römischen und frühmittelalterlichen Geschichte des Lungaus entgegen. Zahlreiche Örtlichkeiten waren dort im frühen 19. Jahrhundert noch nicht wissenschaftlich und archäologisch erschlossen. So fand der Pfarrer von St. Michael ein wahres Eldorado für seine geschichtlichen Forschungen vor. Er verfasste Grabungsberichte und beschrieb die archäologischen Funde: *„Im Jahre 1792, grub man im Freythofe zu St. Michael, in der Nähe des Schneider Mayer-Hauses, einen großen 3 Schuh unter der Erde versunkenen Stein aus, dessen zirkelrunde Höhlung 2 Schuh 4 Zoll im Durchmesser hat. Ich halte* *dafür, er hat den Heiden zum Auffangen des Opferblutes, oder zu Reinigung gedient."*[404] Das Relikt fand schließlich Aufnahme im Salzburger Landesmuseum.

Als Arbeiter beim Abbau von Kalkstein auf dem Radstädter Tauern einen Stein wälzten, fanden sie darauf eine Inschrift vor. Es stellte sich heraus, dass es sich hierbei um einen römischen Meilenzeiger handelte. Augustin Winklhofer nahm sich auch dieses Fundes an und verfasste hierzu einen Aufsatz, der Veröffentlichung in der „Steyermärkischen Zeitschrift" fand.[105]

Überregional wurde Augustin Winklhofer im frühen 19. Jahrhundert durch seine kartographischen Arbeiten bekannt; so stammt aus seiner Feder eine Karte des Erzstiftes Salzburg. Weiter verfasste er mehrere bedeutende Werke zur Salzburger Landesgeschichte. Anzuführen sind hier seine „Hierarchische Verfassung von Salzburg und Berchtesgaden" aus dem Jahr 1810 sowie „Der Salzachkreis, geographisch, historisch und statistisch beschrieben", 1813 erschienen.[106]

Augustin Winklhofer verstarb am 8. Januar 1832 im Alter von 60 Jahren in St. Michael im Lungau.[107] Sein Grab an der Pfarrkirche ist heute noch erhalten.

Albert Nagnzaun, OSB
1777-1856

Die naturhistorische Sammlung von St. Peter in Salzburg

Der Aufbau von Sammlungen jeglicher Art war seit dem Mittelalter eine zentrale Aufgabe von Klöstern. Die Erweiterung und Pflege der Sammlungen hatten die Stifte häufig engagierten Konventualen und Klostervorstehern zu verdanken. In St. Peter in Salzburg war es Abt Albert Nagnzaun[108], der sich passioniert der naturhistorischen Sammlung des Klosters annahm.

Albert Nagnzaun wurde am 14. November 1777 auf der Festung Hohensalzburg als Sohn des Kanoniers Franz Nagnzaun und seiner Frau Theresia geboren; bei der Taufe bekam er den Namen Georg Albert.[109] Bereits sehr früh entstand der Kontakt zum Stift St. Peter, so erhielt Nagnzaun über die örtliche Lehranstalt Schulunterricht und wurde dadurch bereits geistlich geprägt; später besuchte er die Universität in Salzburg. Seine feierliche Profess in St. Peter fand am 21. November 1798 statt.[110] Am 28. Februar 1801 wurde er im Dom zu Salzburg zum Priester geweiht.[111] Ab 1802 begann Nagnzaun mit dem Studium orientalischer Sprachen, das er ab 1804 in Rom fortsetzte; 1806 zurückgekehrt nach Salzburg wurde er Professor an der Universität in Salzburg, wo er zum Doktor der Theologie sowie der Philosophie promovierte. Nach Auflösung der Universität ging Nagnzaun in die Seelsorge, wurde 1812 Kooperator, ab 1816 Pfarrer in Dornbach bei Wien. Am 15. Dezember 1818 folgte seine Wahl zum Abt des Stiftes St. Peter in Salzburg.[112]

Schon sehr früh zeigte Albert Nagnzaun Interesse an naturwissenschaftlichen Fächern. So soll er noch während der Studienzeit seinen Mitbrüdern Vorlesungen aus der Mineralogie gehalten haben.[113] In seiner Funktion als Abt von St. Peter widmete er sich mit großem Interesse dem Ausbau der naturwissenschaftlichen Sammlungen des Klosters. Im Jahr 1819 erwarb er die umfangreiche Mineraliensammlung des k. k. Regierungsrates Schroll käuflich für das Kloster.[114] Weiters legte Nagnzaun eine naturhistorische Sammlung aller im Land Salzburg vorkommenden Pflanzen und Vögel an. Da sich die Räumlichkeiten im Stift St. Peter nicht für die Aufstellung der inzwischen umfangreichen Sammlung eigneten, wurde dem Abt 1821 von Kaiser Franz die Galerie des kaiserlichen Residenzgebäudes in Salzburg für die Aufstellung der naturhistorischen Sammlung zu Verfügung gestellt.[115]

Beeindruckend liest sich die Bestandsaufnahme der Sammlung beim Tod von Abt Nagnzaun 1856: *„Nebst den meisten einheimischen Säugethieren besitzt das Naturaliencabinet des Stifts St. Peter noch 252 Vogelarten, Fische und Amphibien, 3.500 Insecten, 730 Moluscen; eine Mineraliensammlung von 10.000 Stücken; ein allgemeines Herbarium in Großfolioformat von 10.000 Arten, worunter 8.170 Phanerogamen, 117 Farnkräuter, 618 Moose, 742 Flechten, 240 Algen, 113 Blattschwämme; die Flora von Salzburg in Kleinfolioformat, welche 1.024 Arten enthält; eine Sammlung von 2.500 Arten Früchte und Samen, eine Holz- und Früchtensammlung von 77 salzburgischen Gesträuchern und Bäumen."*[116]

Albert Nagnzaun starb am 29. September 1856 in Salzburg, seine letzte Ruhestätte fand er am 4. Oktober in St. Peter.[117]

Johann Baptist Aingler
1780-1829

Der Pfarrer von Mittersill als Förderer des Schulwesens

Das Elementarschulwesen steckte im frühen 19. Jahrhundert im Salzburger Land vielerorts noch in den Kinderschuhen: Eigene Schulhäuser existierten nicht, Lehrmaterial wie Schulbücher oder Lehrapparat waren nicht vorhanden und die Ausbildung des Lehrpersonals war mehr als dürftig. So lag es häufig am Ortsseelsorger, sich vor allem der Verbesserung des Schulwesens anzunehmen; der Pfarrer von Mittersill, Johann Baptist Aingler[118], gibt hier stellvertretend für viele andere Dorfpfarrer des Salzburger Landes ein gutes Beispiel.

Johann Baptist Aingler wurde am 8. Juni 1780 auf dem Hazn-Gütl in Öd bei Teisendorf geboren. Seine Eltern waren der Mühlmacher Thomas Aingler und Gertraud geb. Hogger.[119] Den ersten Unterricht erhielt er bei seinen Verwandten in Mariapfarr; zur geistlichen Ausbildung wurde er auf das Klerikalseminar nach Salzburg geschickt, in das er 1799 eintrat.[120] Die Priesterweihe erhielt er am 4. Juni 1803 im Dom.[121] Zunächst erhielt Aingler eine Stelle als Katechet und Inspektor beider Salzburger Waisenhäuser, wurde anschließend 1806 Direktor des Lehrerseminars und bekam schließlich 1813 die Pfarre Mittersill übertragen. Weiters übernahm er die Funktion des Lokalschul-inspektors der Region.[122]
Auf seinem neuen Seelsorgeposten im Pinzgau erhielt Johann Baptist Aingler einen realistischen Einblick, wie die Lage im Elementarschulwesen vielerorts auf dem Land aussah: In Mittersill unterrichtete ein alter Lehrer, seine Frau und deren kleine Tochter; von einem ausgebildeten Lehrer war hier keine Rede. In einer Glosse, die Abdruck in einer Salzburger Literaturzeitung fand, fällt das Urteil

zur lokalen Schule nicht viel besser aus: *„Die Kinder lasen in elenden Scharteken* [alte, wertlose Bücher] *elendiglich, ohne Ordnung, ohne Zusammenhang, ohne die geringste Spur einiges Nachdenkens. Der Inhalt der Vorschriften, die ihnen der Schulmeister vorlegte, waren die 7 Todsünden. Im Sommer blieb die Schule geschlossen, weil keine Kinder kommen, sagt der Schulmeister. Weil der Schulmeister keinen Unterricht erteilet, sagt die Gemeinde."*[123]

Bereits beim Amtsantritt in Mittersill betonte Aingler in einer Predigt Vorteile und Notwendigkeit einer guten Schulerziehung. Er forderte die Jugend zum fleißigen Schulbesuch auf und eröffnete noch im Herbst des Jahres die neue Schule von Mittersill.[124]
Ein weiteres Problem war vielerorts die (Mittags-)Speisung armer Schulkinder. Auch diesem Defizit trat Aingler energisch entgegen. In Zusammenarbeit mit dem Landrichter regte er die Gründung einer Verpflegungsanstalt für arme Kinder an; die Unterstützung war so groß, dass neben der Mittagskost auch für Kleidung gesorgt werden konnte.[125]

Im Jahr 1819 wechselte Johann Baptist Aingler in die Diözese Freising. In einem von kirchlicher Seite angefertigten Bewertungsbogen heißt es zu seiner Tätigkeit im Pinzgau treffend, dass sich Aingler *„durch unermüdete Anstrengung für Unterricht und Bildung der Jugend, vereinigt mit einer Unterstützung armer Kinder [...] sich sohin ein unvergessliches Denkmal gesetzt"* habe.[126] Im Jahr 1820 übernahm Johann Baptist Aingler die Pfarrei Kirchdorf bei Aibling, dort bemühte er sich ebenfalls um die Verbesserung des Schul- und Erziehungswesens. So entstand dort unter ihm ein neues Schulhaus.[127] Im Jahr 1822 wurde ihm die Pfarrei Haslach übertragen. Diese sollte er jedoch nur zwei Jahre lang betreuen, denn bereits am 28. Januar 1825 erfolgte seine Aufschwörung als Domkapitular in München.[128]

Johann Baptist Aingler verstarb in dieser Funktion am 19. April 1829 im noch jungen Alter von 48 Jahren in München.[129]

Peter Karl Thurwieser
1789-1865

Passionierter Alpinist und Meteorologe

Die Berge hatten für die Menschen seit jeher etwas Faszinierendes und Geheimnisvolles. Die Besteigung derselben entwickelte sich im 18. und 19. Jahrhundert zu einem wahren Wettlauf. Der Priester Peter Karl Thurwieser[130] war damals ein bekannter Alpinist, der sich mit großer Begeisterung dieser Strömung anschloss.

Peter Karl Thurwieser wurde am 30. Mai 1789 in Kramsach in Tirol geboren. Seine Eltern waren der Müller Peter Thurwieser und Anna geb. Pertl.[131] Ab 1810 besuchte er das Klerikalseminar in Salzburg; am 19. September 1812 empfing er im Dom die Priesterweihe.[132] Zunächst war er Katechet in der Schule in Mülln, 1813 wurde er Hilfspriester in Bergheim, 1816 Koadjutor in Siezenheim. Ab 1820 wirkte er 43 Jahre lang als Professor unter anderem für orientalische Sprachen in Salzburg. 1864 trat er in den Ruhestand.[133]

Zwei große Leidenschaften zeichneten ihn aus: die Bergsteigerei und die Meteorologie. Legendär wurden dabei seine Aufstiege, die er nicht selten mit den Persönlichkeiten seiner Zeit durchführte, so wiederholt mit Erzherzog Johann sowie mit Erzbischof Schwarzenberg.

Allein im Jahr 1820 bestieg Thurwieser 15 Mal den Gaisberg; dessen Gipfel hatte er schließlich bei seinem Tod 480 Mal besucht.[134] Es gab kaum einen Berg in der Umgebung, den er während seines Lebens nicht bestiegen hatte. Auf den Gipfeln führte Thurwieser barometrische Beobachtungen sowie Höhenmessungen durch. Zu vielen seiner Besteigungen schrieb er Berichte, die im Druck erschienen.

Auch mehrere Erstbesteigungen sind mit dem Namen Thurwiesers verbunden; so 1822 die Erstbesteigung des Ankogels und 1825 die des Hundstods.

Eine besondere Ehre wurde dem Priester zuteil, als in den 1860er-Jahren ein Berg der Ortlergruppe im sogenannten Kristallkamm an der Grenze Südtirols als „Thurwieserspize" seinen Namen erhielt.

Am 25. Januar 1865 verstarb er im Alter von 75 Jahren in Salzburg; seine letzte Ruhestätte fand er am 27. Januar auf dem Sebastiansfriedhof.[135] Als sein Tod in Salzburg bekannt wurde, hieß es allgemein *„der Wetterprophet ist gestorben"*.

Joseph Mohr
1792-1848

Der bekannteste geistliche Dichter der Welt

Es gibt wohl kein anderes Gedicht eines geistlichen Poeten, das weltweit so bekannt ist wie dieses; die meisten kennen es als Weihnachtslied, die wenigsten wissen jedoch, dass es ursprünglich eine Gedichtschöpfung war. Die Rede ist von „Stille Nacht, Heilige Nacht"; Autor ist der Priester Joseph Mohr[136], der damals als Hilfspriester in Mariapfarr im Lungau eingesetzt war.

Joseph Mohr wurde am 11. Dezember 1792 in Salzburg geboren. Die Eltern waren der desertierte Musketier Franz Mohr und die Strickerin Anna Schoiber.[137] In ärmlichen Verhältnissen aufgewachsen, wurde ihm durch den Dom-Chorvikar Johann Nepomuk Hiernle zunächst ab 1799 der Schulbesuch am Akademischen Gymnasium in Salzburg, anschließend das Studium in Kremsmünster und in Salzburg ermöglicht. 1811 trat er in das Klerikalseminar ein; am 21. August 1815 empfing Joseph Mohr im Dom in Salzburg die Priesterweihe.[138] Anfangs als Hilfspriester in Ramsau bei Berchtesgaden eingesetzt, erhielt er im Herbst 1815 eine Stelle als Koadjutor in Mariapfarr im Lungau. 1817 wurde er Aushilfspriester, anschließend Kooperator in Oberndorf. 1819 folgte seine Versetzung als Koadjutor zunächst nach Kuchl; 1820 nach Golling; 1821 nach Vigaun, 1822 nach Anthering und 1824 nach Eugendorf; 1827 wurde er Vikariatsprovisor in Hof und Hintersee, letztere Seelsorgestelle übernahm er 1828 als Vikar. 1837 erfolgte schließlich seine Versetzung als Vikar nach Wagrain.[139]

In Mariapfarr im Lungau wurde Joseph Mohr 1816 dichterisch tätig. Er verfasste das Gedicht „Stille Nacht, Heilige Nacht". Dabei wurde er unter anderem durch seine Umgebung inspiriert. So zeigt das Bild auf dem Hochalter in der Pfarrkirche in Mariapfarr das Jesuskind mit blondem Lockenkopf auf dem Schoß Marias sitzend. Vermutlich hiervon inspiriert entstand die Zeile „*Holder Knabe im lockigen Haar*". Entscheidend für den Erfolg des Gedichtes wurde der Weihnachtsabend 1818, als Mohr Aushilfspriester in Oberndorf bei Laufen war; der Lehrer Franz Xaver Gruber hatte inzwischen die Arbeit Mohrs vertont. Bei der Christmette am 24. Dezember wurde das dadurch entstandene Lied in der örtlichen Pfarrkirche St. Nikola uraufgeführt. Anschließend fand es als populäres Weihnachtslied weltweit Verbreitung. Dies erfolgte zunächst über das Zillertal in Tirol durch die Sängerfamilien Rainer und Strasser, die in den 1820er-Jahren Reisen durch Europa unternahmen; 1839 brachen die Rainer-Sänger zu einer Amerikareise auf. So fand auch dort das Lied „Stille Nacht" Verbreitung, das laut Überlieferung 1839 in New York, erstmals auf amerikanischem Boden aufgeführt wurde. Heute ist „Stille Nacht" eines der bekanntesten Weihnachtslieder der Welt, das inzwischen in 300 verschiedene Sprachen und Dialekte übersetzt worden ist.[140]

Joseph Mohr starb am 4. Dezember 1848 im Alter von 55 Jahren in Wagrain.[141] Seine letzte Ruhestätte auf dem örtlichen Friedhof ziert heute ein prächtiges geschmiedetes Grabkreuz.

Matthias Englmayr
1800-1877

Bergsteiger und Reiseschriftsteller für das Salzburger Land

Die Schönheit der eigenen Heimat schriftlich zu fassen, dieses Anliegen hatten früher auch manche Priester. Für das Salzburger Land war Matthias Englmayr ein fleißiger Autor; seiner Feder entstammen zahlreiche Schilderungen teils waghalsiger Bergtouren in der Mitte des 19. Jahrhunderts.

Matthias Englmayr wurde am 22. Februar 1800 in Bischofshofen geboren; sein Vater war Matthias Englmayr, „Gastgeb beym Wengerwirt allda", seine Mutter hieß Maria geb. Bichler.[142] Ab 1821 besuchte er das Klerikalseminar; am 2. September 1824 fand in der Hofkapelle in Salzburg seine Priesterweihe statt.[143] Zunächst wurde Englmayr Aushilfspriester bei St. Andrä in Salzburg, anschließend Koadjutor in Saalfelden, 1828 Provisor in Weißbach bei Lofer und in Dienten; 1829 folgte eine Anstellung als Kooperator an der Dompfarre in Salzburg, 1832 wurde er Vikar in Lend, zwei Jahre später Vikar in Radstadt. 1842 erhielt er eine erste Anstellung als Pfarrer in Zell am See; 1853 wurde er zum Pfarrer in Dorfwerfen befördert; 1859 erhielt er eine neue Funktion als Dechant und Pfarrer in Thalgau; 1872 wurde er Domkapitular in Salzburg.[144]

Mit großem Interesse beschäftigte sich Englmayr mit der eigenen Heimat und ihren Bergen. Beeindruckend sind seine Reiseschilderungen, die der Priester auch drucken ließ. Eine erste beschreibt die Besteigung des Hochkönigs bei Werfen am 28. August 1852.[145] Englmayr machte sich am Nachmittag des Vortages zusammen mit einem Führer und einem Träger von Werfen aus in Richtung der Hochalpe Mittenfeld auf, wo die kleine Gruppe um 5 Uhr abends ankam. Der Weg führte weiter hinauf zum sogenannten First, dem obersten Weideplatz der Alpe unter der Mandlwand. In einer Hütte wurde die Nacht verbracht, um am Morgen des folgenden Tages zur Besteigung aufzubrechen. Die Gruppe konnte zu Beginn ihrer Reise einen schönen Sonnenaufgang erleben. So schreibt Englmayr: *„Sie – die Leuchte des Tages – trat in ihrer Herrlichkeit hervor gerade über dem Kantenbrunn."*[146] Nach zweistündiger Wanderschaft war fast die Hälfte der Stecke zurückgelegt. So schildert der Priester weiter: *„Wir [...] betraten [...] nun – die Mandlwand und den Bratschenkopf zur Linken lassend – den eigentlichen Schneeberg, auch die Übergossene Alpe genannt, weil, wie eine alte Sage lautet, dort, wo jetzt ein zwei Stunden langer, 40-50 Klafter tiefer Schneeferner liegt, einst frisches Alpengrün wuchs. [...] Wir wandelten meistens still über den ewigen Schnee hin [...] Das Interessanteste war, daß wir, als wir den Gipfel des ewigen Schneeberges hinanklimmten auf demselben [...] sieben Gemse erblickten. Sie beeilten sich gar nicht uns zu fliehen. Auf unsern Ruf standen sie erneuert still; dann – ein Pfiff und – davon."*[147] Am späten Vormittag, gegen halb elf hatte die Gruppe den Gipfel erreicht. Dort angekommen, wurde der herrliche Ausblick genossen: *„Während wir – ich und der Führer Michael Brüggler – solch entzückende Rundschau hielten, hatte dessen Kamerad Johann Gaßner, bei der steinernen Pyramide sich ein Wärme- und Tabakfeuer gemacht, und schmauchte bereits aus einer Pfeife, die er unlängst von Ungarn mitgebracht hatte. [...] Aus wahrem Herzensdrange wurde gesungen ‚Gott erhalte unsern Kaiser'. [...] Auch tranken wir auf die Beruhigung und den Frieden Europas."*[148] Gegen Mittag wurde schließlich die Heimreise angetreten.

In einem Werk, das 1869 erschien und den Titel „Eine Sommerreise ins Pinzgau und Tirol" trägt, beschreibt Matthias Englmayr eine Erholungsreise, die er vom 2. bis 15. August 1841 unternommen hatte;[149] anschaulich schildert er darin die einzelnen Stationen; so ist beispielsweise zum Aufenthalt in Wörgl zu lesen: *„Am folgenden Tag war in Wörgl großes Fest – das Fest des heil. Kirchenpatrons Laurentius, welches in aller Früh mit gewaltigen Pöllerschüssen angekündigt und sehr feierlich begangen* *wurde. Der Servitenpriester Gentner hielt eine sehr gute Predigt. Aber die Musik bei dem Hochamte, bei der die Blechinstrumente stark vorherrschend waren, erinnerte mich an die Zukunftsmusik eines Richard Wagner und an die Schrecknisse des Weltgerichtes."*[150]

Neben den angeführten Reiseschilderungen verfasste Englmayr auch mehrere historische Abhandlungen; so über Radstadt, Zell am See, den Gerichts- und Pfarrbezirk Werfen, den Pfarr- und Dekanatsbezirk Thalgau sowie über die ehemalige Hofmark Bischofshofen.[151]

Matthias Englmayr verstarb am 20. Februar 1877 im Alter von 77 Jahren in Salzburg, Die Beerdigung fand am 22. Februar auf dem Sebastiansfriedhof statt.[152] Seine letzte Ruhestätte erhielt er in der Domherrengruft.

Joseph Dürlinger
1805-1867

Chronist für das Salzburger Land

Dem Salzburger Land ein Gesicht geben, sowohl im Kleinen als auch in seiner Gesamtheit – dieses Ziel konnte für die Region vor allem ein Priester im 19. Jahrhundert verwirklichen. Sein Name ist Joseph Dürlinger[153], der durch seine schriftlichen Arbeiten in zahlreichen historischen Abhandlungen zitiert wird und als ein bedeutender Zeuge seiner Zeit gilt.

Josesph Dürlinger wurde am 2. Oktober 1805 in Zell am See geboren. Seine Eltern waren Johann Dillinger, Bauer in Limberg und Maria Puchner.[154] 1827 trat er in das Klerikalseminar ein; am 1. August 1830 wurde er in der Hofkapelle in Salzburg zum Priester geweiht.[155] 1832 wurde er als Koadjutor in Piesendorf, 1836 in selber Funktion in Bruck an der Großglocknerstraße eingesetzt; 1837 war er Kaplan an der Wallfahrtskirche Maria Bühel bei Laufen; 1839 erhielt er das Frühmeßbenefizium zum Hl. Wolfgang und Sebastian in Saalfelden; 1843 erhielt er eine Stelle als Vikar in St. Ulrich am Pillersee; 1847 wurde er Subdirektor am Priesterseminar in Salzburg; Ab 1848 war er Seelsorger in Hallwang. Krankheitsbedingt musste er diese Pfarre 1857 resignieren.[156] Von da an widmete sich Joseph Dürlinger ausschließlich der Geschichtsforschung.

Das erste große Werk aus seiner Hand wurde das „Historisch-statistische Handbuch der Erzdiözese Salzburg", das in sechs Heften erschien.[157] Dieses handelt nach Dekanaten geordnet unter anderem die Kirchen- und Schulgeschichte des Flachlandes und des Lungaus ab, ergänzt durch zahlreiche statistische Anmerkungen. Die Arbeit wurde allerdings nicht fortgesetzt. Der Grund hierfür ist nicht näher überliefert. Vermutet wird ein fehlendes Interesse beim Absatz der

Hefte.[158] Im Folgenden befasste sich Dürlinger mit einer Arbeit über seine Heimat, die den knappen Übertitel „Von Pinzgau" trug.[159] Es behandelt den Bezirk in seiner ganzen Vielfalt: So werden darin Vegetation, Witterung, Ackerbau und Nutztierhaltung, Kultur und Gesellschaft sowie die Gemeindebezirke und die Pfarren aus historischer Sicht beschrieben. Das Buch weckte größeres Interesse bei den Lesern, so setzte sich der Autor schließlich an einen Nachfolgeband mit dem Titel „Historisch-statistisches Handbuch von Pongau".[160] Hierbei handelt es sich um die letzte große Arbeit Dürlingers, deren endgültigen Abschluss der Autor nicht mehr erleben sollte. Er behandelt den Bezirk darin vor allem aus kirchen- und schulgeschichtlicher Sicht und ergänzt das Geschriebene bei Bedarf mit statistischen Informationen.

Mit den hier vorgestellten gedruckten Arbeiten ist das Gesamtwerk Joseph Dürlingers jedoch noch lange nicht umrissen. Erst sein umfangreicher Nachlass gibt hierzu einen realistischen Einblick. So findet sich darin unter anderem eine Geschichte der Pfarre Piesendorf, bestehend aus drei Folianten, sowie ein einbändiges Werk mit der Geschichte der Pfarre Hallwang.[161] In diesen Chroniken aber auch in seinen großen gedruckten Arbeiten behandelt Dürlinger auch die Geschichte und das Leben der einfachen Bevölkerung; somit gibt er für Vergangenheit und Gegenwart ein anschauliches Bild des Salzburger Landes sowohl im Kleinen als auch in seiner Gesamtheit; Er kann damit zurecht als Chronist für das Salzburger Land des 19. Jahrhunderts bezeichnet werden.

Joseph Dürlinger verstarb am 23. April 1867 im Alter von 62 Jahren im Kloster St. Peter in Salzburg, er wurde am 28. April auf dem Petersfriedhof beigesetzt.[162] Die „Salzburger Zeitung" widmete ihm einen ausführlichen Nekrolog. Darin wird sein Charakter mit folgenden Worten umrissen: *„Der vortreffliche Mann schrieb wie er war und war wie er schrieb. Anspruchslos, ernst und wortkarg nach außen, barg er im Inneren einen tiefgebildeten, bis zur Unruhe regsamen Geist, ein wohlwollendes Gemüth und ein mildes weiches Herz."*[163]

Adam Doppler
1806-1885

Forscher zur Urkundengeschichte des Salzburger Landes

Urkunden sind für den Historiker eine zentrale Quelle für das Früh- und Hochmittelalter. Häufig lassen sich hieraus unter anderem Erst-erwähnungen von Örtlichkeiten ableiten. Der Priester Adam Doppler[164] hat sich eben dieser Quellengattung im 19. Jahrhundert angenommen.

Adam Doppler wurde am 18. Dezember 1806 in Gnigl als Sohn eines Bäckermeisters geboren.[165] Seine Ausbildung erhielt er am Gymnasium und Lyzeum in Salzburg; anschließend besuchte er ab 1827 das Priesterseminar. Am 1. August 1830 empfing Doppler in der Hofkapelle in Salzburg die Priesterweihe.[166] Zunächst erhielt er 1831 einen Posten als Aushilfspriester beim Bürgerspital in Salzburg. Anschließend wurde er noch im selben Jahr Koadjutor in Köstendorf, 1833 kam er in selber Funktion nach Nonnthal, 1836 nach Vigaun; 1837 wurde er in Mauterndorf und 1838 schließlich in Siezenheim als Kooperator eingesetzt. Mit Rücksicht auf seine angegriffene Gesundheit wurde ihm schließlich am 14. November 1838 das St. Markus-Benefizium in der Ursulinenkirche verliehen.[167]

Mit der Ernennung zum Konsistorialsekretär und Archivadjunkten 1846 und der 1858 erfolgten Beförderung zum Archivar und Assessor des erzbischöflichen Konsistoriums erschloss sich Adam Doppler der Zugang zur Kirchengeschichte des Salzburger Landes. Die folgenden Jahrzehnte waren somit geprägt durch eine rege Sammeltätigkeit des Archivars, gefolgt von zahlreichen Publikationen: Besonderes Interesse brachte Doppler für die Urkundengeschichte auf. So veröffentlichte er ab 1870 in den „Mitteilungen der Gesellschaft für Salzburger Landekunde" mehrere Aufsätze, die sich mit den ältesten Original-Urkunden des fürsterzbischöflichen Konsistorialarchivs aus der Zeit zwischen 1200 und 1350 beschäftigen. Der Autor zitiert darin jeweils den lateinischen Originaltext des behandelten Schriftstückes und fügt diesem zahlreiche Anmerkungen bei.[168] Den Anfang dieser Quellensammlung bildet eine Urkunde, die auf Rom, den 1. Oktober 1200 datiert ist. Darin beauftragt Papst Innozenz III. zwei Bischöfe und zwei Äbte mit der Voruntersuchung zum Zweck der Kanonisation Bischof Virgils von Salzburg.[169]

Im Jahr 1872 folgte eine weitere Veröffentlichung aus dem Urkundenschatz des Archivs durch Doppler; Abdruck in den „Mitteilungen der Gesellschaft für Salzburger Landeskunde" fanden diesmal Verordnungen Kaiser Karls des Großen und Beschlüsse der Reisbacher Synode, die um 800 unter Erzbischof Arn von Salzburg stattfand.[170] Sein Hauptwerk schuf Doppler jedoch mit der Veröffentlichung einer umfangreichen Urkundensammlung aus dem 15. Jahrhundert. So fanden zwischen 1873 und 1876 diese Quellen auf über 600 Seiten Abdruck in den „Mitteilungen der Gesellschaft für Salzburger Landeskunde".[171] Zwar legte Adam Doppler 1874 seine Ämter im Archiv aus gesundheitlichen Gründen nieder. Jedoch auch im Ruhestand setzte er seine Forschungs- und Publikationstätigkeit fort; so veröffentlichte er noch 1883 in Zusammenarbeit mit Willibald Hauthaler ein Urbar des Benediktinerinnen-Stiftes Nonnberg.[172] Adam Doppler kann durch seine Veröffentlichungen in den „Mitteilungen der Gesellschaft für Salzburger Landeskunde", in denen auch die Arbeit zu Nonnberg abgedruckt wurde, vor allem als großer Förderer der Gesellschaft für Salzburger Landeskunde gesehen werden, zu deren Gründungsmitgliedern er auch zählt.

Fast schon in Vergessenheit geraten ist ein weiteres Werk, das auf Adam Doppler zurückgeht: eine Häuserchronik der Stadt Salzburg, die in Auszügen in der geschichtlichen Stadtbeschreibung von Franz

Zillner veröffentlicht wurde.[173] Die „Doppler-Chronik" selbst hat keine Veröffentlichung mehr erfahren können und liegt bis heute als Bestand im Salzburger Landesarchiv.

Adam Doppler starb am 14. Juni 1885 im Alter von 78 Jahren in Salzburg; seine letzte Ruhestätte fand er am 16. Juni auf dem Sebastiansfriedhof.[174] Sein Grab in der Weltgeistlichengruft ist noch heute erhalten.

Johann Evangelist Gries, OSB
1808-1855

Botanische Exkursionen in das Salzburger Land

Die Schönheit der Flora in der eigenen Heimat zu erkunden, diesen Wunsch hatten im 19. Jahrhundert anscheinend nicht wenige Vertreter des geistlichen Standes; nur so lässt sich erklären, dass die Botanik vor allem im Klerus ein beliebter Beschäftigungsbereich war. Der Benediktiner Johann Gries[175] aus St. Peter machte sich im 19. Jahrhundert sogar zu ausgedehnten botanischen Exkursionen im Salzburger Land auf und fasste das Erlebte in anschauliche Berichte.

Johann Evangelist Gries wurde am 26. Januar 1808 in Kleingmain bei Salzburg geboren und auf den Namen Joseph getauft.[176] Seine geistliche Ausbildung erhielt er am Gymnasium und Lyzeum in Salzburg. Am 26. Oktober 1826 wurde er in St. Peter eingekleidet. Die Priesterweihe fand am 31. Juli 1831 in der Hofkapelle statt.[177] Im Jahr 1834 wurde er Professor am Gymnasium in Salzburg, wechselte dann jedoch 1839 an das Lyzeum bei St. Stephan in Augsburg. 1842 kehrte er schließlich nach Salzburg zurück.[178]

Mit großer Freude unternahm Pater Johann Gries botanische Ausflüge in das Salzburger Land. Seinen Bericht zu einer im Sommer 1832 in das Tennengebirge unternommenen Exkursion ließ er schließlich im Druck erscheinen.[179] Darin beschreibt er anschaulich, wie er zusammen mit seinem Bruder Jakob und dem Abt von St. Peter Albert Nagnzaun – beide ebenfalls begeisterte Botaniker – im August des Jahres nach St. Gilgen reiste, um die von dort aus zwei Stunden entfernte St. Petersche Brennwaldalpe zu besuchen. Johann Gries schildert den Beginn der Exkursion mit folgenden philosophischen Worten: *„So willkommen uns nun in der geräumigen und schönen*

Alphütte die Ruhe war, so fanden uns doch die ersten Strahlen der Morgensonne schon mit Trocknen der bisher gesammelten Pflanzen beschäftigt, wodurch unsere Blechbüchsen wieder Raum zu neuen Acquisitionen gewannen."[480] Die Gruppe kam bei dem anschließenden Ausflug leider in ein Gewitter, welches von anhaltendem Regen gefolgt wurde; Dies brachte dem botanischen Unternehmen jedoch nur eine kurze Unterbrechung: *„Im gastlichen Pfarrhofe zu Abtenau hielten wir Rasttag, trockneten Kleider und Pflanzen, machten mittlerweile einen kleinen Abstecher nach der Stachelalpe [...] und bereiteten uns zur Besteigung des Tennengebirgs, wozu sich mehrere Begleiter erboten. Am 9. Aug. bei grauem Morgen zog nun die Caravane vom Markte weg unter der sogenannten Frauenhöhle vorbei nach der Tennen oder Krapfalpe. [...] Auf dem Weg bis zur Alpe bot sich uns eine so reichliche Ausbeute dar, dass wir alle unsere Erwartungen übertroffen fühlten.*"[481] Die erreichte Almhütte brachte ein neues Problem mit sich: Sie war für das Nachtlager der inzwischen angewachsenen Gruppe zu klein, so dass mehrere Teilnehmer noch am gleichen Tag den Rückweg antraten. Johann Gries hingegen begab sich zusammen mit seinem Bruder und dem Abt noch am Nachmittag zu einem weiteren Abstecher zur sogenannten „Tagweide", die abermals eine reiche Ausbeute für die passionierten Botaniker bot. Am darauffolgenden Tag wurde nach einer *„schlaflos zugebrachten Nacht"* der Rückweg nach Abtenau und von dort nach Salzburg angetreten, wo die kleine Gruppe am 11. August ankam.

Diese Schilderung kann nur einen kleinen Blick auf den Benediktiner Johann Gries als Botaniker geben. Seine großen Leistungen in diesem Bereich werden treffend mit folgenden Worten beschrieben: *„Zu denjenigen Gelehrten endlich, welche sich um das Studium der Botanik in Salzburg in hohem Grade verdient gemacht, [...] gehört noch der hochwürdige Herr Johannes Gries [...] der alle Gaue des Landes Salzburg, zumeist Pinzgau und Pongau, in botanischer, wie mineralogischer Beziehung oftmals bereiste, reiche Sammlungen machte und die Ergebnisse seinen Schülern mitteilte."*[482]

Mit dem Rückzug ins Kloster St. Peter begann Johann Gries eine fruchtbare Tätigkeit als Historiker, so schuf er in den folgenden Jahren mehrere kleine geschichtliche Arbeiten, wie beispielsweise eine „Kurze Geschichte Salzburgs", die Abdruck im Landwirtschaftsfest-Album fand.[183]

Ebenfalls fasziniert von der Botanik des Salzburger Landes war der Zwillingsbruder von Johann Gries namens Jakob, der ebenfalls als Konventuale in St. Peter eingetreten war. Er begleitete Johann auf seinen Exkursionen und war im Bereich der Botanik ebenfalls schriftstellerisch tätig. Er überlebte seinen Bruder um 10 Jahre und verschied 1865 in Salzburg

Johann Gries starb am 24. Juni 1855 im noch jungen Alter von 47 Jahren in St. Peter in Salzburg, zwei Tage später fand er ebendort seine letzte Ruhe.[184]

Andreas Fallbacher
1809-1849

Ein Dorfpfarrer als Vorbild bei der Düngung der Felder

Ein zentraler Bestandteil in der Bewirtschaftung eines Ackers war die Düngung. Mancherorts nahm selbst hier der örtliche Pfarrer eine Vorbildfunktion ein. Im Lungau findet sich hierfür mit dem Seelsorger von St. Margarethen, Andreas Fallbacher, ein herausragendes Beispiel.

Andreas Fallbacher wurde am 30. November 1809 in Salzburg geboren. Seine Eltern waren Ignaz Fallbacher und Anna geb. Bruckmiller.[185] Nach dem Besuch des Klerikalseminars erhielt er am 31. Juli 1833 in Salzburg die Priesterweihe.[186] Anschließend wurde er als Vikariats-Provisor in Schleedorf eingesetzt, ab 1836 war er Koadjutor in Gmain, ab 1839 in gleicher Funktion in Bruck an der Großglocknerstraße. 1840 übernahm er ein Stadt-Vikariat in Hallein. 1844 erhielt er mit St. Margarethen im Lungau seine erste Pfarre übertragen.[187]

Ein „Ökonomie-Pfarrer" musste bei der Bewirtschaftung seiner Felder vor allem auch ein Fingerspitzengefühl bei der richtigen Düngung haben. Nicht zuletzt deshalb, weil er hier auch Vorbild für die Bauern im Dorf sein sollte; so schreibt selbst der spätere Bischof von Regensburg Johann Michael Sailer treffend: *„Denn die Ökonomie hat auf den Ruf des Pfarrers bei seiner Gemeinde gar oft weit größeren Einfluss, als der Pfarrer selber."*[188] Ganz im Sinne dieses Leitsatzes handelte der Seelsorger von St. Margarethen im Lungau. So spricht Ignaz von Kürsinger ihm großes Lob aus: *„Nur die Felder des jetzigen Pfarrherrn And. Fallbacher, eines ausgezeichneten Oekonomen, überbieten an Gedeihen die übrigen. Auf meine Erkundigung sagte man mir: daß auf den Pfarrhofs-Feldern der Straßenkoth als Dünger sich sehr wirksam für die Fruchtbarkeit* *derselben erwiesen hat."*[189] Andreas Fallbacher machte sich jedoch noch in anderer Hinsicht einen Namen: Er war ein erfolgreicher Obstbaumzüchter. So heißt es bei Ignaz von Kürsinger weiter: *„Ich staunte im Garten desselben eine Kultur zu sehen, die sonst nur im milderen Klima nicht überrascht. Apfelbäume der edelsten Art, die sogenannten Maschanzger und Isenbart hingen in reichlicher Fülle an den veredelten Bäumen."*[190]

Andreas Fallbacher fand schließlich auch seine letzte Ruhestätte in St. Margarethen im Lungau. Er verstarb am 29. April 1849 im noch jungen Alter von 39 Jahren.[191] Sein schön verziertes Epitaph ist heute noch in der örtliche Pfarrkirche erhalten.

Johann Alois Kaltner
1812-1867

Die erste deutsche Pilgerfahrt nach Jerusalem

Seit Jahrhunderten zählte eine Pilgerfahrt ins Heilige Land zu den großen Ereignissen in einem Menschenleben. Ein solches Unternehmen setzte sich der Priester Johann Alois Kaltner zum Ziel; seine Erlebnisse hierbei fasste er schriftlich und veröffentlichte sie, wodurch er eine für die Nachwelt wertvolle Quelle schuf.

Johann Alois Kaltner wurde am 26. Januar 1812 in Saalfelden geboren. Seine Eltern waren der Bäckermeister Johann Kaltner und Sussanna geb. Schieder.[192] 1835 trat er in das Klerikalseminar in Salzburg ein; seine Priesterweihe fand im Dom am 1. August 1837 statt.[193] Ab 1838 war er Koadjutor in Altenmarkt im Pongau; 1841 kam er in gleicher Funkion nach Wagrain, 1842 nach Großarl, 1843 nach Zell am See und schließlich 1844 nach Unken. Ab 1848 war er Kooperator in Siezenheim; 1850 übernahm er die Kuratie Müllegg. Im Jahr 1857 wurde ihm mit St. Jakob am Thum seine erste Pfarre übertragen; 1865 wurde er Pfarrer in Mattsee.[194]

Im Jahr 1855 unternahm Kaltner eine Reise, die für die Mitte des 19. Jahrhunderts als ein großes Abenteuer angesehen werden kann: Mit einer kleinen Reisegruppe brach er im Frühjahr des Jahres zu einer Pilgerfahrt ins Heilige Land auf. Seine Erlebnisse hierbei veröffentlichte er schließlich in einem Buch mit dem Titel „Die erste Deutsche Pilgerfahrt nach Jerusalem und Palästina", das noch im selben Jahr in den Buchhandlungen erschien.[195] Schon die Vorbereitungen zu diesem Unternehmen lesen sich abenteuerlich. Der Organisator der Reise war der St. Severinus-Verein. Dieser setzte im Januar 1855 ein Programm für die geplante Pilgerfahrt auf, worauf sich schließlich

18 Personen meldeten. Es waren ausschließlich Männer – Frauen war damals wohl aus Sicherheitsgründen die Mitreise nicht gestattet. Die Teilnehmer stammten aus dem ganzen deutschsprachigen Raum – so aus Baden, Bayern, Mähren, Österreich, Posen und Württemberg und gehörten zum größeren Teil dem geistlichen Stand an.[196] Johann Alois Kaltner verfasste auf seiner Reise mehrere Briefe, die er in seine Heimat nach Salzburg schickte, außerdem führte er während des Unternehmens Tagebuch. Auszüge aus beiden veröffentlichte er in seinem Buch zur Pilgerfahrt. Daraus lässt sich anschaulich auch die Reiseroute rekonstruieren: So schrieb Kaltner am 9. März einen Brief aus Triest, am 12. März befand sich die Reisegruppe an Bord des Lloyddampfers „Italia" vor Korfu; ein weiterer Brief vom 24. März ist in Smyrna [Izmir]) entstanden und am 28. März erreichte die Gruppe schließlich die Küste von Afrika.[197] Die Ankunft dort schildert Kaltner mit folgenden Worten: *„So eben um 8 Uhr Vormittags erblickten wir die weitgedehnte, von Windmühlen übersäte und mitunter auch wohlbefestigte Küste des Festlandes von Afrika. Alles ist voller Freude und Jubel und fängt an, sich zur Ausschiffung bereit zu machen."*[198] In Alexandria wurde anschließend das Franziskaner-Kloster bezogen. Am 2. April erreichte die Pilgergruppe schließlich Jerusalem. Auch hier war die Freude bei der Ankunft groß. Johann Alois Kaltner verfasste einen Brief in die Heimat: *„Meine lieben Geschwister und Freunde! All meine theuren Salzburger! Ich bin in Jerusalem! Der sehnlichste Wunsch meines Herzens, das heißersehnte Ziel einer mühevollen Wanderung ist erreicht."*[199] Im Heiligen Land wurden in der Folge zahlreiche biblische Orte besucht. So führten Exkursionen nach Bethlehem, Jericho, Kedron, Nazareth und auf den Berg Karmel.[200] Auch hier lässt sich manch spannende Schilderung finden, so zum Beispiel, als Kaltner die Gebirgskette Judäas besichtigte: *„Allein auf einmal öffnen sich die Thäler der Gebirgskette Judäas, und schon beginnt ein Weg, den ich nimmer zu beschreiben wage. Bin doch als ein Sohn der Berge, auf so manchem Gebirgspfade herumgestiegen, aber so einer ist mir nicht bald vorgekommen. Und wohlgemerkt, meine Freunde! Diesen schauerlichen, wahrhaftig halsbrecherischen Steig hatten*

wir auf Pferden und Mauleseln zu passieren. Auf dem Schiffe wird man gewöhnlich nur wenn es stürmt an eine Gefahr erinnert, hier jedoch war jeder Schritt mit einer solchen verbunden. Wohl nur arabischen Pferden darf eine derartige Ausdauer im Klettern, möcht ich sagen zugemuthet werden; selbst die Samrosse Pinzgaus müßten einer ähnlichen Anstrengung schon halbwegs erliegen."[201] Die Rückreise fand Anfang Mai wieder über Alexandria statt. Bereits am 15. Mai war Triest erreicht.[202]

Großen Anteil an der Pilgerfahrt Johann Alois Kaltners nahmen die heimischen Zeitungen. So fanden dort unter anderem mehrere seiner Briefe Abdruck und auch seine Rückkehr nach Salzburg wurde mit großer Spannung erwartet. So heißt es im „Morgenblatt der Neuen Salzburger Zeitung" vom 28. Mai: *„Herr Pfarrkurat Kaltner ist bereits auf der Rückreise aus Jerusalem durch Tirol in Innsbruck angekommen und wird dieser Tage hier eintreffen. Derselbe ist dem Vernehmen nach gesonnen, eine größere Schrift über seine Reise nach dem gelobten Lande zu veröffentlichen."*[203]

Johann Alois Kaltner verstarb schließlich am 4. November 1867 im Alter von 55 Jahren als Kanoniker in Mattsee, die Beerdigung fand am 7. November statt.[204]

Joseph Matthias Dum
1814-1905

Diözesan-Senior und Jubelpriester

Das Jubiläum „65 Jahre im Priesteramt" konnten im 19. Jahrhundert nicht viele Seelsorger begehen. Einer der wenigen Jubilare, der dadurch zusätzlich den Titel „Diözesan-Senior" trug, war Joseph Matthias Dum, der 1904 noch hochbetagt im Kollegiatstift Mattsee seinen 91. Geburtstag feiern konnte.

Joseph Matthias Dum wurde am 22. Februar 1814 in Adnet geboren; seine Eltern waren der Schullehrer Johann Baptist Dum und Katharina geb. Rettenwender.[205] 1834 trat er in das Klerikalseminar ein; am 1. August 1837 empfing er im Dom in Salzburg die Priesterweihe.[206] 1837 wurde er Koadjutor in Zell am See, 1838 in Stuhlfelden und 1841 in Bruck an der Großglocknerstraße. Ab 1842 erhielt er eine Stelle als Aushilfspriester in Krispl; 1845 war er Koadjutor in Anif, 1846 in Gnigl, 1847 Kooperator in Rattenberg und 1848 in Laufen. Ab 1853 schließlich war er Provisor des Vikariats Hallwang.[207] 1857 erhielt er diese Seelsorgestelle als Pfarre übertragen. Am 29. September 1868 wurde er zum Domizellar-Kanoniker in Mattsee gewählt.[208] Am 11. Mai 1872 verstarb der Propst des Stiftes, Joseph Halter, nach einer Operation im St. Johannsspital in Salzburg. Bei der am 2. Juli 1872 stattfindenden Wahl wurde Joseph Dum zum neuen Propst des Stiftes Mattsee gewählt; die feierliche Installation fand am 28. Oktober statt.[209] In dieser Funktion konnte er die 1.100-Jahrfeier des Stifts Mattsee im Herbst 1877 begehen.[210]

Mit voranschreitendem Alter konnte er bereits Amtsjubiläen feiern; ein erstes wurde am 1. August 1887 mit dem Jubiläum „50 Jahre im Priesteramt" begangen. Im Jahr 1894 folgte mit dem 80. Geburtstag ein weiterer Ehrentag des Priesters. Das „Linzer Volksblatt" schreibt hierzu treffend: *„Gestern hat Pl. Tit. Hochw. Herr Joseph Dum, insulierter Stiftspropst von Mattsee, sein 80. Lebensjahr vollendet. Derselbe erfreut sich, abgesehen von seiner Erblindung und Schwerhörigkeit, noch immer einer guten Gesundheit und geistiger Frische."*[211] Am 2. Juli 1902 konnte Joseph Dum schließlich auch das Jubiläum „30 Jahre Propst" begehen. Die „Salzburger Chronik" schreibt hierzu: *„Es geziemt sich heute eines Mannes, eines Priesters zu gedenken, welcher nun bereits seit Jahren ein stilles ganz bescheidenes in jeder Hinsicht anspruchsloses Leben führt, vor Gott jedoch gewiß reich an Tugenden und Verdiensten erachtet werden darf. Es ist dies der hochwürdige Herr Stiftspropst von Mattsee, Joseph Dum [...] er selbst feierte im Jahre 1887 sein goldenes und im Jahre 1897 sein diamantenes Priesterjubiläum [...] und hält überdies seit 8 Jahren sein Diözesan-Seniorat fest."*[212] Das letzte Jubiläum, das dem Priester vergönnt war, ist der 90. Geburtstag. Bereits im Februar 1903 berichtet die „Salzburger Chronik" würdigend: *„Morgen feiert der hochwst. Stiftspropst Joseph Dum von Mattsee sein 90. Geburtsfest. Wie oft äußerte sich derselbe, er hätte nie gedacht, daß er ein hohes Alter erreichen würde und nun steht sein Name schon eine Reihe von Jahren als der erste in dem Verzeichnis, in dem die Priester der Erzdiözese Salzburg nach der Reihenfolge des kanonischen Alters aufgezählt werden."*[213]

Joseph Dum verstarb am 18. Oktober 1905 im hohen Alter von 91 Jahren; seine letzte Ruhe fand er am 21. Oktober in Mattsee.[214]

Amand Jung, OSB
1814-1889

Früher Förderer der Gesellschaft für Salzburger Landeskunde

Mit einem wachsenden Geschichtsinteresse in der Bevölkerung entstanden im 19. Jahrhundert auch in Bayern und Österreich zahlreiche lokale und überregionale Historische Vereine. Im Salzburger Land wurde 1860 die Gesellschaft für Salzburger Landeskunde ins Leben gerufen. Unter den frühen Mitgliedern finden sich auch mehrere Vertreter des geistlichen Standes, einer der bekannteren war der Benediktiner Amand Jung[215], der dem Verein in seiner Anfangszeit besondere Förderung zukommen ließ.

Amand Jung wurde am 10. März 1814 in Rattenberg am Inn geboren und auf den Name Thomas Alois getauft; seine Eltern waren der Tischlermeister Johann Jung und Maria geb. Neuhauser.[216] Nachdem er in Hall in Tirol das Gymnasium besucht hatte, wechselte er zum Studium nach Salzburg und trat dort in das Benediktinerkloster St. Peter ein.[217] Am 1. August 1840 fand im Dom zu Salzburg seine Priesterweihe statt.[218] Die erste Tätigkeit in der Seelsorge erhielt er als Kooperator in Abtenau, 1842 wurde er zurück ins Kloster St. Peter gerufen, um dort die Aufgabe des Novizenmeisters und Klerikerdirektors zu übernehmen, ein Amt, das er die folgenden 21 Jahre ausüben sollte. Außerdem war er Beichtvater in mehreren Frauenklöstern; in dieser Funktion wurde er auch ab 1858 bis kurz vor seinem Tod bei den Benediktinerinnen am Nonnberg eingesetzt.[219]

Im Jahr 1860 wurde die Gesellschaft für Salzburger Landeskunde gegründet. Ein erstes Mitgliederverzeichnis für das Jahr 1860/61 zählte bereits 103 Personen.[220] Darunter finden sich unter anderem die Domkapitulare Anton Doppler, Augustin Embacher und Rupert Maier. Der damals wohl bekannteste, historisch versierte Priester in diesem Verzeichnis ist Amand Jung, der dort als Archivar von St. Peter betitelt ist.

Die Förderung durch Jung geschah vor allem durch seine schriftstellerische Tätigkeit für die „Mitteilungen der Gesellschaft für Salzburger Landeskunde"; so erschien im ersten Band der Vereinszeitschrift eine Arbeit aus seiner Feder, die sich mit dem kirchlichen Leben in Salzburg im späten Mittelalter und in der frühen Neuzeit beschäftigt; eine weitere Veröffentlichung im dritten Band der Mitteilungen hingegen behandelt einen Brief aus dem Stiftsarchiv des Klosters, den Abt Andreas von St. Peter in Salzburg im Jahr 1579 an Felician, Bischof von Scala, geschrieben hat.[221] Amand Jung gab auch Hilfestellung für Verfasser anderer Beiträge in der Vereinszeitschrift, so ist bekannt, dass er zu dem Beitrag über die Grabdenkmäler von St. Peter und Nonnberg wichtige Materialien lieferte, die ab 1867 in den „Mitteilungen der Gesellschaft für Salzburger Landeskunde" Abdruck fanden.[222]

Eine Würdigung seiner Leistungen für die Gesellschaft für Salzburger Landeskunde fand 1906 schließlich durch einen umfangreichen Nekrolog statt. Dort heißt es: *„P. Amand gehörte zu den ältesten Mitgliedern der Gesellschaft für Landeskunde von Salzburg, seit der Gründung 1860. Anfänglich war er ein sehr tätiges und geschätztes Mitglied des Ausschusses und hat dabei durch sein reiches landeskundliches Wissen sehr anregend gewirkt. [...] Später zog er sich aus dem Ausschusse zurück, nahm aber immerfort bis zu seinem Tode den regsten Anteil an den Arbeiten und Publikationen."*[223]

Auch für St. Peter ist Amand Jung einer der bedeutendsten Historiker. Er beschäftigte sich vor allem mit den Schriften des Benediktinerordens. Zu seinem Monumentalwerk im Kloster zählt die sogenannte „Monumenta historica disciplina regularem monasterii O. S. B. ad S. Petrum Salisburgi illustranda", ein in vier Bänden angelegtes Manuskript, das die wichtigsten Quellenschriften des Benediktinerordens sammelt und somit als Universalnachschlagewerk für die Ordensgeschichte in St. Peter in Salzburg gilt.[224]

Amand Jung starb am 31. Dezember 1889 im Alter von 75 Jahren in St. Peter in Salzburg; seine letzte Ruhe fand er in der Gruft des Klosters.[225]

Johann Evangelist Lienbacher
1818-1894

Passionierter Ökonom und Imker

Der Dorfpfarrer als Multitalent seiner Zeit zeichnete sich manchmal auch durch seine vielfältige Tätigkeit im Bereich der Landwirtschaft aus. So war er neben seiner Aktivität als Imker auch noch erfolgreicher Landwirt und setzte sich für die Interessen der Bauern seiner Pfarre ein. Für den Tennengau gibt im 19. Jahrhundert Johann Lienbacher, der sich hierin unter anderem als Pfarrer von Golling einen Namen machte, ein schönes Beispiel.

Johann Lienbacher wurde am 7. Dezember 1818 in Kuchl geboren.[226] Ab 1840 besuchte er das Klerikalseminar, am 1. August 1843 wurde er im Dom in Salzburg zum Priester geweiht.[227] Anschließend war er bis 1845 Koadjutor in Gnigl, bis 1846 Koadjutor in St. Johann im Pongau und daraufhin Provisor in Bischofshofen; 1847 kam er als Koadjutor nach Goldegg. 1852 wurde er Hilfspriester in Nonnthal und Kooperator bei St. Andrä, 1853 wechselte er als Expositus nach Thomatal, 1854 wurde er Stadtvikar in Hallein. 1863 erhielt Lienbacher mit Neumarkt am Wallersee seine erste Pfarre übertragen, 1868 wurde er Seelosrger in Golling; ab 1879 schließlich wirkte er als Pfarrer in Radstadt.[228]

In seiner Pfarre Golling widmete er sich mit großer Passion der Imkerei. Seine Erfahrungen hierin fasste er schriftlich und veröffentlichte sie in entsprechender Fachliteratur, wie der damals bekannten „Bienen-Zeitung". 1872 ist dort folgender Bericht des Pfarrers über den Vorteil von Holzkästen gegenüber Strohkörben zu lesen: *„Ich bin so frei zu erwähnen, daß ich mich bereits 25 volle Jahre mit der Bienenzucht beschäftige und zwar immer nur mit hölzernen Kästen. Manchmal habe ich* *wohl auch Strohkörbe versucht, aber die Kästen passten mir absolut besser. Ich kann Sie versichern m. HH., daß ich durch 25 Jahre hindurch nie wegen Schimmel mich zu beklagen hatte [...].*"229

Pfarrer Lienbacher setzte sich auch für die landwirtschaftlichen Interessen seiner Pfarrkinder ein; bei der am 3. März 1870 stattfindenden 33. General-Versammlung der k. k. Landwirtschafts-Gesellschaft Salzburg führte er so auch die Probleme der örtlichen Landwirte an: Lienbacher zufolge sei *„die Obstzucht ziemlich verbreitet, doch leide selbe stark durch Winde, die das Obst unreif von den Bäumen schüttle, selbes werde zu Branntwein für den Hausbedarf gebrannt, die Steuer sei aber so hoch, daß sie zu keinem Verhältnisse des Erzeugnisses stehe"*. In seiner Ausführung beantragte der Pfarrer weiter ein Einschreiten zur Ermäßigung der Branntweinsteuer.[230]

Weiter zeichnete sich Johann Lienbacher auch als fähiger Lehrer aus. So erteilte er landwirtschaftlichen Unterricht in Golling. Für diese Leistungen wurde er 1869 im Rahmen der landwirtschaftlich-gewerblichen Ausstellung in Salzburg mit dem dritten Staatspreis im Wert von 3 Dukaten ausgezeichnet.[231]

Johann Lienbacher verstarb am 16. Januar 1894 im Alter von 75 Jahren in Radstadt, die Beerdigung fand am 19. Januar statt.[232]

Heinrich Schwarz, OSB
1819-1894

Jugendschriftsteller für das Salzburger Land

Wirft man einen Blick auf die geistlichen Jugendschriftsteller des 19. Jahrhunderts, so kommt zunächst der im schwäbischen Raum tätige Christoph von Schmid in den Sinn. Auch das Salzburger Land hatte damals eine vergleichbare Persönlichkeit zu bieten, den Benediktiner Heinrich Schwarz[233] aus Michaelbeuern, aus dessen Feder zahlreiche Geschichten, Fabeln und Gedichte stammen.

Heinrich Schwarz wurde am 24. April 1819 in Saalfelden geboren und auf den Namen Joseph Fidelis getauft; seine Eltern waren Cornelius Schwarz und Theresia geb. Feldensteiner.[234] Seine Profess feierte er am 24. September 1843 in Michaelbeuern.[235] Die Priesterweihe empfing er am 1. August 1844 im Dom in Salzburg.[236] 1845 wurde er Präfekt des klösterlichen Sängerknabeninstitutes; 1875 erhielt er das Amt des Subpriors im Stift. Zudem war er Katechet der örtlichen Schule.[237]

Überregional bekannt wurde er als Konventuale des Stiftes Michaelbeuern vor allem durch das Schreiben von Büchern, deren Zielgruppe vor allem die Jugend war. Seine schriftstellerische Tätigkeit hatte zahlreiche kreative Ausprägungen; Auszüge aus seiner Bibliographie geben hier ein sehr schönes Gesamtbild: So veröffentlichte er 1865 ein Jugendbuch zu seinem Professkloster mit dem Titel „Das ehrwürdige Benediktinerstift Michaelbeuern. Ein Gespräch für Kinder, zum Vortrage wie auch zum Lesen".[238] Darin wird der Dialog zwischen mehreren Kindern wiedergegeben, dessen Grundaussage und Erkenntnis der Jugendbelehrung im Sinne einer christlichen Erziehung dienen sollte. Dabei sollte den Kindern durch den Inhalt der einzelnen Gespräche vor allem die Geschichte der eigenen Heimat nähergebracht werden. 1877 erschien sein Werk „Einhundert kurze Erzählungen und Parabeln für die liebe Jugend".[239] Hierin versucht der Autor vor allem durch Gleichnisse, die zum größeren Teil der Tierwelt sowie der Natur entnommen sind pädagogisch auf seinen Leserkreis zu wirken. 1882 folgte eine Arbeit mit dem Titel „Schauspiele und Gespräche für die liebe Jugend".[240] In diesem Text geht Schwarz stark auf das menschliche Zusammenleben unter anderem in der Familie ein; so werden darin beispielsweise *„die Namensfeier die lieben Großmutter"* sowie der *„Tod des Vaters"* in kurzen Geschichten thematisiert.

Die publizistischen Aktivitäten von Heinrich Schwarz reichten jedoch noch weiter. So gründete er 1850 als erste österreichische Jugendzeitung in Salzburg die „Christliche Kinderzeitung". Das Blatt konnte sich jedoch nur einen Jahrgang lang halten. Im Jahr 1881 ließ Schwarz es unter dem Titel „Der Jugendfreund" wieder aufleben.[241]

Wegen seiner schriftstellerischen Tätigkeit im Bereich der Pädagogik erhielt Heinrich Schwarz schließlich den Namen „Salzburger Pestalozzi". Außerdem wird er aufgrund seiner Arbeiten gerne in eine Reihe mit Christoph von Schmid gestellt.

Heinrich Schwarz starb am 20. Februar 1894 im Alter von 75 Jahren in Michaelbeuern, seine letzte Ruhe fand er am 22. Februar in der Klostergruft.[242]

Joseph Anton Schöpf
1822-1899

Förderer des Kolping-Vereins

Um die Mitte des 19. Jahrhunderts hatte der Priester Adolf Kolping die Idee, Gesellen durch eigene regionale Vereine ein geistliches Zuhause zu bieten. Vergleichbar einer Familie sollten diese Zusammenschlüsse sittlichen Halt geben und für kranke und wandernde Gesellen sorgen. Auch im Klerus fielen die Ideen Kolpings auf fruchtbaren Boden. So trieben Vertreter des geistlichen Standes im ganzen deutschsprachigen Raum die Gründung von Gesellenvereinen voran und förderten diese durch ihre Vorstandschaft. In Salzburg erhielt der neu entstehende Zusammenschluss durch Joseph Anton Schöpf[243], Professor an der Theologischen Fakultät, einen bedeutenden Präses.

Joseph Anton Schöpf wurde am 5. Februar 1822 in Umhausen in Tirol geboren; seine Eltern waren der Bauer Johann Schöpf und Maria geb. Holzbrecht.[244] Ab 1832 besuchte er das akademische Gymnasium in Innsbruck und setzte sein Studium in Graz und schließlich ab 1841 in Salzburg fort.[245] Ab 1842 besuchte er das Klerikalseminar in Salzburg; seine Priesterweihe empfing er am 1. August 1845 im Dom.[246] Anschließend wirkte er als Hilfspriester in Stumm, wurde 1848 mit der Supplentur für Kirchengeschichte und Kirchenrecht an der Theologischen Studienanstalt in Salzburg betraut. Ab 1852 war er Professor für Kirchengeschichte und Kirchenrecht an der Theologischen Fakultät in Salzburg, dort bekleidete er wiederholt das Amt des Dekans. 1884 trat er schließlich in den Ruhestand.[247]

Am 12. Mai 1852 wurde der Salzburger Gesellenverein von Joseph Anton Schöpf aus der Taufe gehoben.[248] Er gilt somit als geistlicher

Vater des Zusammenschlusses. In der Folgezeit agierte der Priester ab 1852 auch als Präses. Schnell wuchs der Verein, so konnte er bereits 1857 die stolze Zahl von 219 Mitgliedern aufweisen.[249] Joseph Schöpf bemühte sich vor allem darum dem Verein Räumlichkeiten für ein Lokal zu beschaffen. Hierzu wurde im Garten des Bruderhauses ein kleines Gesellenhaus erbaut.[250] Ein weiteres zentrales Anliegen war die Bildung der Gesellen; diesen wurde durch Priester unentgeltlich Unterricht in Religion, Geographie, Geschichte, Aufsatzbildung, Sozialwissenschaft, Stenographie und Gesang erteilt. Auch um die finanzielle Unterstützung der Gesellen bemühte sich der Präses; so wurde 1858 für den Verein eine interne Sparkasse errichtet.[251]

1874 legte Schöpf seine Vorstandschaft schließlich nieder. Er starb am 21. November 1899 in Guggenthal; seine letzte Ruhe fand er in der Gruft der Familie Weickl in der örtlichen Hl. Kreuzkirche.[252]

Karl Fehringer
1823-1902

Die Verbreitung der Obstbaumzucht im Lungau

Fährt man heute in den Ort St. Margarethen im Lungau und nähert sich der Pfarrkirche und dem Pfarrhof, so begrüßen einen zahlreiche prächtige Obstbäume. Die Verbreitung der Obstbaumzucht ist für diese Region im Lungau in der zweiten Hälfte des 19. Jahrhunderts vor allem dem örtlichen Pfarrer Karl Fehringer zu verdanken, der damals diesen landwirtschaftlichen Zweig mit großem Erfolg der Bevölkerung nähergebracht hat.

Karl Fehringer wurde am 19. April 1823 in Raanberg bei Freischling geboren; die Eltern waren der Schulmeister Michael Fehringer und Theresia geb. Descher.[253] Ab 1847 besuchte er das Klerikalseminar; am 1. August 1849 empfing er im Dom in Salzburg die Priesterweihe.[254] Anschließend wurde er 1850 Koadjutor in Ramingstein, 1852 in Altenmarkt im Pongau, 1853 in Bruck bei Taxenbach, 1854 in Niedernsill, 1856 in Hüttau und 1857 in St. Jakob am Thurn; 1858 wurde er zunächst Provisor, später Pfarrer in St. Margarethen im Lungau, 1869 übernahm er die Seelsorge in Waidring in Tirol, 1872 erhielt er mit Dürrnberg wiederum eine Pfarre, 1874 wurde er Seelsorger in Goldegg; dort trat er 1891 in den Ruhestand und übernahm in Rattenberg in Tirol ein Benefizium.[255]

Als Seelsorger in St. Margarethen widmete sich Karl Fehringer mit großer Freude dem Setzen von Obstbäumen; ihm war es ein Anliegen, diesen landwirtschaftlichen Zweig im Lungau zu verbreiten. Dies gelang ihm durchaus: Er unterrichtete die Kinder im Obstbaumanbau, außerdem richtete er eine eigene Baumschule ein; zahlreiche Pflanzen aus seiner Züchtung fanden so im Lungau

Verbreitung. So schreibt die „Salzburger Chronik" 1869, als Karl Fehringer St. Margarethen verließ, um einen neuen Seelsorgeposten in Waidring in Tirol anzutreten, treffend: *„Er hat gezeigt, wie man im Gebirge, besonders im Lungau, betreffs der Obstzucht dem Vorurtheile der Gleichgiltigkeit und Zerstörungslust der Leute entgegentreten muß: er machte die Schulkinder praktisch mit der Obstzucht bekannt, und durch die Kinder bekamen auch die Eltern derselben Lust und Freude zu diesem, ihnen bisher fast ganz unbekannten Zweige der Landwirthschaft. Um viele Bauernhäuser von St. Margarethen stehen jetzt junge Obstbäume. [...] Auch in der Nachbarschaft hat das Beispiel des Hrn. Pfarrers Fehringer anregend gewirkt: nach St. Michael und Mauterndorf sind viele Bäumchen aus seiner Pflanzschule gewandert und werden mit Sorgfalt und Aufmerksamkeit gepflegt."*[256]

Ob Karl Fehringer die Obstbaumzucht in der Folgezeit als Seelosrger auch in Waidring, Dürrnberg, Goldegg und zuletzt als Benefiziat in Rattenberg in Tirol gelehrt oder gepflegt hat, darüber ist nichts Näheres überliefert. Er verstarb am 10. November 1902 im Alter von 79 Jahren in Rattenberg; seine letzte Ruhestätte fand er auf dem Stadtfriedhof.[257]

Bartholomäus Hutter
1823-1873

Sammler von Mundartgedichten aus dem Salzburger Land

Dialekt und Mundart sind einem ständigen Wandel unterzogen. Wörter, die über Jahrhunderte im Volk verwendet wurden, gehen verloren, neue Formulierungen halten Einzug. Umso wichtiger ist es, die Sprache der älteren Generation schriftlich festzuhalten. Im Salzburger Land hat dies Bartholomäus Hutter getan. Zahlreiche Gedichte wurden von ihm gesammelt und vor der Vergessenheit bewahrt.

Bartholomäus Hutter wurde am 12. August 1823 in Piesendorf geboren; seine Eltern waren der Bauer Joseph Hutter und Maria geb. Dillinger.[258] Ab 1843 besuchte er das Klerikalseminar in Salzburg; die Priesterweihe empfing er am 6. September 1846 in der Pfarrkirche St. Laurentius in Piesendorf.[259] In der Folgezeit war er als Koadjutor 1847 in Piesendorf, 1848 in Stuhlfelden und 1850 in Bruck an der Großglocknerstraße eingesetzt; ab 1853 ist er an der Theologischen Fakultät in Salzburg belegt, wo er zum Doktor der Theologie promovierte. Ab 1857 war er als Katechet und Lehrer an der k. k. Unterrealschule in Salzburg tätig. Im Jahr 1861 erhielt er mit Bruck an der Großglocknerstraße seine erste Pfarre.[260]

Hutter wurde bekannt als Sammler von Gedichten in vornehmlich Pinzgauer Mundart. Diese zeichnete er Mitte des 19. Jahrhunderts auf und veröffentlichte sie 1854 in der Zeitschriftenreihe „Germaniens Völkerstimmen".[261] Die dort abgedruckten Gedichte sind mit zahlreichen Anmerkungen versehen, die Dialektwörter erklären und somit dem Leser die poetischen Werke verständlicher machen. Exemplarisch seien die ersten zwei Verse des Gedichtes „D` Fealeitn" angefügt:[262]

D`Fealeitn hon i extra gean,
Sie ist krod so veil schö;
A solches Thal triffst nid leicht o,
Magst wolda weitum göh.
Drum ziach`n si viel Fremdö zua
Von weiten Ländan hea
D`Fealeitn wird hiez weltbereahmt,
Es kemmand ollweil mea.

Da Tauan steht so nahend da,
Daß man daglonga kunnt;
Ea steigt gor gwaltig in die Hech
Aus tief`n Wiesengrund.
Ea röckt sein Kopf zan Himel auf,
Und schneeweiß ist sei Hoor,
D` Sunn dö lacht`n freundlar o
Und in da Frua scho gor.

Die Aufzeichnungen von Bartholomäus Hutter sind heute gänzlich in Vergessenheit geraten. Inzwischen sind sie wertvolle Quellen aus der Mitte des 19. Jahrhunderts für die Dialektforschung geworden.

Bartholomäus Hutter betreute die Pfarre Bruck an der Großglocknerstraße bis zu seinem Lebensende. Er verstarb dort am 26. Juni 1873 im noch jungen Alter von 49 Jahren.[263]

Isidor Pertl
1833-1929

Der älteste Priester Österreichs

Als am 13. März 1929 Isidor Pertl im Alter von 96 Jahren in Salzburg verschied, trat nicht nur der damalige Senior der Erzdiözese Salzburg vor den ewigen Schöpfer; er galt auch als ältester Priester Österreichs, wie die Printmedien der Zeit festhielten. Ausführliche Lebensschilderungen[264] berichteten unmittelbar nach dem Hinscheiden des Geistlichen über dessen abwechslungsreiches und erfülltes Leben.

Isidor Pertl wurde am 4. April 1833 in Zell am Ziller geboren; seine Eltern waren der örtliche Hutmacher und Krämer Michael Pertl und Maria geb. Hundsbichler.[265] Zunächst dachte niemand daran, dass aus dem Buben ein Priester werden würde: *„Nachdem der Junge die Volksschule hinter sich hatte, trat er in das väterliche Geschäft, erlernte hier die Hutmacherei und arbeitete dann auch als Geselle beim Vater."*[266] Als dann jedoch Isidors jüngerer Bruder namens Alois im Borromäum Aufnahme gefunden hatte und dem Priesterberuf zustrebte, wollte auch er diesen Lebensweg einschlagen; *„eine große Sehnsucht hatte ihn erfaßt"*; allerdings hatte Isidor damals bereits ein stattliches Alter von 20 Jahren erreicht, außerdem fehlten ihm schulische Kenntnisse. So wurde er zunächst nach Söll in das Unterinntal zu einem alten Pfarrer geschickt, der ihm als Lehrer zur Seite stehen sollte: *„Der alte Pfarrer Ulbrich, der wegen seines goldenen Herzens weit und breit bekannt war, nahm ihn freundlich auf, gewährte ihm die Verpflegung und sogleich begann für Isidor Pertl das Studium."*[267] Bereits nach einem Jahr konnte Pertl mit Überspringen der ersten Klasse am Gymnasium am Collegium Borromäum aufgenommen werden; 1860 folgte der Eintritt in das Priesterseminar in Salzburg. Am 26. Juli 1863 schließlich erhielt er im Dom in Salzburg die Priesterweihe.[268]

Im Jahr 1864 trat Isidor Pertl mit Hopfgarten in Tirol seinen ersten Seelsorgeposten als Aushilfspriester an; im Jahr darauf kam er nach Wald, anschließend nach Walchsee und schließlich 1868 nach Neukirchen. Nach dem Tod des dortigen Pfarrers übernahm Pertl die vakant gewordene Stelle als Pfarrprovisor und bewarb sich um die Pfarre. *„Die Vorsehung aber hatte anderes mit ihm vor und so erhielt er die Pfarre nicht."*[269] Er wurde als Stadtkooperator nach Kitzbühel geschickt. Seinen künftigen Lebensmittelpunkt fand Pertl schließlich im Jahre 1877: *„Da Pertl an allen Dienstorten eine besondere Vorliebe und ein besonderes Geschick zur unmittelbaren Arbeit an den Seelen zeigte und jederzeit mit großem Fleiße im Beichtstuhl wirkte, bestimmten die geistlichen Vorgesetzten ihn am 15. Februar 1877 zum Beichtvater der Barmherzigen Schwestern in Salzburg Das diesbezügliche Ernennungsdekret fand er am 20. Februar mittags auf seinem Teller."*[270]

Dem Amt des Beichtvaters folgte 1878 die Funktion als bischöflicher Superior der Barmherzigen Schwestern in der Diözese Salzburg. 1883 stellte sich der Orden jedoch unter die Leitung der Missionspriester vom Heiligen Vinzenz von Paula. Dadurch verlor Isidor Pertl seine Stellung. Der inzwischen fünfzigjährige Priester trat da-raufhin in das Noviziat der Missionspriester in Graz ein: *„Er machte das Noviziat mit dem begeisterten Eifer eines Jünglings und mit dem Ernst und der Gewissenhaftigkeit eines reifen Mannes."*[271] Nachdem das Noviziat vollendet war, wurde er als Oberer in Reudorf bei Wien, anschließend in gleicher Funktion in Laibach, Wien und Graz eingesetzt. Isidor Pertl hielt zusammen mit seinen Mitbrüdern in ganz Österreich zahlreiche Volksmissionen ab, die vor allem der Stärkung des Glaubens in der Bevölkerung dienen sollten: *„Ueberall hatte seine feurige Art zu predigen große Erfolge. Seine hagere außergewöhnlich hohe Greisengestalt erweckte Ehrfurcht und unter seinen eifervollen Worten wurden ungezählte Herzen weich."*[272] Im Jahre 1911 kehrte er schließlich wieder nach Salzburg zurück; dort übernahm der inzwischen 78-Jährige die Leitung der Barmherzigen Schwestern, der Nekrolog von 1929 stellt hierzu treffend fest: *„Fünf Jahre wagte er sich damals kaum zu hoffen und fast 18 Jahre hat er noch wirken können. Bis vor zwei Jahren bereiste er noch die ausgedehnte Provinz [...] Sechsundneunzig Jahre war er, noch ging er aufrecht. Sein Auge hatte noch die Schärfe, daß er selbst ohne Brille lesen und schreiben konnte. Sein Gehör war bis in die letzten Monate fein."*[273]

Isidor Pertl verstarb schließlich am 13. März 1929 im hohen Alter von 96 Jahren im Mutterhaus der Barmherzigen Schwestern in Salzburg; seine letzte Ruhe fand er am 16. März auf dem Kommunalfriedhof.[274]

Anton Bramsteidl
1834-1905

Mitbegründer des Imkervereins im Bezirk St. Gilgen

Besonders die Imkerei war ein landwirtschaftlicher Zweig, in dem sich der Klerus betätigte. Im Salzburger Land findet sich mit Anton Bramsteidl ein Geistlicher, der bereits als Hilfspriester passionierter Bienenzüchter war; außerdem förderte er das Vereinswesen in diesem landwirtschaftlichen Zweig.

Anton Bramsteidl wurde am 6. April 1834 in Köstendorf geboren; seine Eltern waren der Schmiedemeister Anton Bramsteidl und Magdalena geb. Ramsauer.[275] 1856 trat er in das Klerikalseminar in Salzburg ein; die Priesterweihe empfing er am 25. Juli 1859 in der Dreifaltigkeitskirche.[276] Seinen ersten Seelsorgeposten erhielt er als Hilfspriester in Mariapfarr; anschließend wurde er Koadjutor in Faistenau, 1864 in Dürrnberg, 1867 in St. Gilgen, 1870 Kooperator in Maria Alm und 1872 in Straßwalchen. Im Jahr 1873 wurde er Vikar in Thomatal, 1883 kam er in selber Funktion nach Viehhofen; 1884 erhielt er mit St. Koloman schließlich seine erste Pfarre. Dieser stand er bis 1897 vor.[277]

Als Hilfspriester brachte er ein großes Interesse an der Imkerei mit: Als er Koadjutor in St. Gilgen war, engagierte er sich für die Gründung eines „Bienenzuchtvereins", dem er auch als Vorstandsmitglied angehörte. Seine Erfahrungen und Erlebnisse im Verein hielt er in einem Bericht fest, der in der „Bienen-Zeitung" veröffentlicht wurde. So heißt es dort: *„Das Bienenjahr 1869 war in unsern Gegenden ein sehr gutes sowohl wegen der großen Schwarmlust unserer Bienen als wegen der reichen Honigtracht, besonders im Juli auf den Almen, wo die Lärchenbäume buchstäblich von Honig trieften."*[278] Anton Bramsteidl hatte sich somit, als er

1870 nach Maria Alm versetzt wurde, in St. Gilgen bleibende Verdienste um die Förderung des regionalen Imkereiwesens erworben.

Er verstarb schließlich am 26. März 1905 im Alter von 70 Jahren in Söllheim; seine letzte Ruhestätte fand er am 28. März in Hallwang;[279] Von der Beliebtheit dieses Priesters zeugt nicht zuletzt die große Anteilnahme bei seiner Beisetzung; die „Salzburger Chronik" schreibt hierzu: *„Unter geradezu großartiger Beteiligung fand heute das Begräbnis des hochw. Herrn Pfarrers Bramsteidl statt. Vierzehn Priester und eine unzählige Menge Volkes [...] umstanden weinend das offene Grab des ‚Pfarres von Söllheim'. Sogar von der ‚hohen Taugl' aus St. Kolomann, wo er Pfarrer war, waren Vertreter erschienen."*[280]

Albert Mussoni, OSB
1837-1897

Ein Benediktiner als preisgekrönter Vieh- und Fischzüchter

Bei den im 19. Jahrhundert im Salzburger Land stattfindenden landwirtschaftlichen Festen bildeten vor allem die Preisverleihungen für herausragende Leistungen in den Bereichen Ackerbau und Nutztierhaltung einen Höhepunkt für die Besucher. Unter die Preisträger mischte sich damals auch der Klerus. Mit dem Benediktiner Albert Mussoni[281] aus St. Peter in Salzburg, der zeitweise die Pfarre Abtenau betreute, sei ein damals überregional bekanntes Beispiel hierfür angeführt.

Albert Mussoni wurde am 26. Juni 1837 in Mauterndorf geboren und auf den Namen Kajetan Matthias getauft; seine Eltern waren der Straßenmeister Matthias Mussoni und Rosalia geb. Lechner.[282] Nach dem Besuch des Staatsgymnasiums in Salzburg trat er in das Stift St. Peter in Salzburg ein und feierte dort schließlich 1857 seine Einkleidung. In der Folgezeit führte Mussoni sein Studium im Benediktinerstift Lambach sowie an der theologischen Fakultät in Salzburg fort.[283] Seine Priesterweihe fand am 28. Juli 1861 im Dom in Salzburg statt.[284] Anfangs wurde er als Kooperator in Abtenau eingesetzt, 1863 schickte ihn der Abt von St. Peter in gleicher Funktion nach Dornbach, wo er bis 1868 blieb. Anschließend setzte er seine akademische Laufbahn fort und promovierte an der Universiät in Wien zum Doktor der Theologie. Neben einer fruchtbaren Lehrtätigkeit war Mussoni weiterhin in der Seelsorge tätig. So führte ihn 1871 sein Weg ein weiteres Mal in die Pfarre Abtenau, diesmal als Pfarrvikar; ein Amt, das er bis 1884 versah.[285]

Einerseits zeichnete er sich als herausragender, hochgebildeter Theologe aus, andererseits war er eng mit der praktischen Landwirtschaft verbunden. Besonders seine Tätigkeit in Abtenau gibt hierzu ein anschauliches Bild. So erhielt er 1875 im Rahmen der Staatsprämien-Verteilung zur Hebung der Rindviehzucht im Herzogtum Salzburg in der Kategorie „Sprungtiere" den 1. Preis im Wert von 25 Gulden und im Bereich „Kälberkühe, trächtige Kühe und Kalbinen" ebenfalls den 1. Preis, der mit 20 Gulden honoriert war.[286] Ebenfalls Erfolge konnte Mussoni in der Fischzucht erzielen. So meldete das Grazer Volksblatt 1873: *„Der Herr Pfarrer Dr. Albert Mussoni, begann zu Abtenau vor einigen Monaten mit der künstlichen Fischzucht. Der erste Versuch übertraf weit alle Erwartungen."*[287]

Der Lebensweg führte Albert Mussoni schließlich wieder an eine Lehranstalt. 1891 wurde er zum Professor an der theologischen Fakultät in Salzburg ernannt. Zuletzt sei noch angeführt, dass Mussoni sehr sprachbegabt war und mehrere große Reisen unternahm, die ihn bis nach Amerika führten. Albert Mussoni verstarb am 13. Juni 1897 im Alter von 59 Jahren in Salzburg, am 15. Juni fand er seine letzte Ruhestätte in St. Peter.[288]

Alois Winkler
1838-1925

Abgeordneter im Salzburger Landtag

Die Vorstellung eines Priesters, der gleichzeitig als Politiker tätig ist, wäre heute undenkbar. Noch zu Beginn des 20. Jahrhunderts war dies vielerorts die Regel. Priester vertraten ihre Bezirke als Abgeordnete im Salzburger Landtag. Der aus Tirol stammende Alois Winkler[289] stand in eben dieser Funktion für die Interessen der Stadtgemeinde Radstadt ein. Außerdem hatte er zeitweise das Amt des Landeshauptmanns von Salzburg inne.

Alois Winkler wurde am 7. Juni 1838 in Waidring geboren. Seine Eltern waren Michael Winkler, Bauer auf dem Adlergut, und Maria geb. Empl.[290] Ab 1860 besuchte er das Klerikalseminar in Salzburg; am 26. Juli 1863 empfing er die Priesterweihe.[291] 1864 wurde er Koadjutor in Erl, 1866 in Söll, 1867 in Brixlegg und Mittersill. 1870 wurde ihm das Benefizium in Radstadt übertragen. 1890 erhielt Winkler mit Altenmarkt im Pongau seine erste Pfarre. 1894 folgte seine Ernennung zum Domkapitular in Salzburg; 1908 wurde er außerdem Domkustos, 1911 Domscholastikus.[292]

Ab 1878 vertrat er die Stadtgemeinde Radstadt im Salzburger Landtag; 1882 wurde er außerdem in den Landesausschuss, die Landesregierung, berufen; 1897 bis 1901 war er auch Reichstagsabgeordneter. In den Jahren 1897 bis 1902 sowie von 1909 bis 1919 übte er die Funktion des Landeshauptmanns von Salzburg aus: Ein zentrales Thema während seiner Amtszeit war der Aufbau geordneter Landesfinanzen sowie die Förderung von Fürsorgeeinrichtungen. Besonderes Augenmerk richtete er hierbei auf die Taubstummenanstalt. Außerdem geht auf seine Bemühungen die Gründung der Lungenheilanstalt Grafenhof in St. Veit im Pongau zurück.[293]

Alois Winkler verstarb am 11. Juni 1925 im Alter von 87 Jahren in Salzburg, seine letzte Ruhe fand er am 13. Juni in der Domherrengruft des Kommunalfriedhofes.[294]

Pirmin August Lindner, OSB
1848-1912

Die Geschichte der Klöster in Bayern und Österreich

Beschäftigt man sich mit der Klostergeschichte in Bayern und Österreich, so stößt man zwangsläufig auf den Namen Pirmin Lindner[295]. Mit seinen Arbeiten zur Klostergeschichte hat sich der Benediktinermönch aus St. Peter in Salzburg ein Denkmal gesetzt, das in seiner Art und seinen Ausmaßen einzigartig ist.

August Lindner wurde am 17. Dezember 1848 in Innsbruck geboren. Seine Eltern waren der Arzt Anton Lindner und Maria geb. Ferrari-Brunnenfeld. Nach dem Schulbesuch in Innsbruck und Meran begann er ab 1868 sein Theologiestudium in Brixen.[296] Am 20. Juli 1872 fand dort seine Priesterweihe statt.[297] 1872 bis 1885 war August Lindner in sieben verschiedenen Pfarreien eingesetzt. Dem Klostereintritt 1885 folgte am 5. Mai 1889 seine feierliche Profess im Benediktinerstift St. Peter in Salzburg, bei der er den Ordensnamen Pirmin erhielt. Dort hatte er unter anderem die Ämter des Konviktspräfekten und ab 1901 des Stiftsbibliothekars.[298] Vor allem auch in letzterer Funktion hatte er die Möglichkeit, wissenschaftlich zu arbeiten.

Schon als junger Hilfspriester brachte Lindner ein großes Interesse an Klostergeschichte mit; so konnte er unter anderem durch finanzielle Unterstützung seiner Mutter Forschungsreisen unternehmen; die Ergebnisse hieraus flossen in mehrere Veröffentlichungen ein.[299] Als Konventuale von St. Peter in Salzburg begann er dann eine breite publizistische Tätigkeit als Klosterhistoriker. Seinen wissenschaftlichen Forschungsschwerpunkt setzte er dabei auf die Auswertung von Totenroteln und das damit verbundene Abfassen von Professbüchern. So veröffentlichte er zwischen 1887 und 1910 Professbücher von 21 Klöstern. Vorarbeiten liegen jedoch noch für weitere 36 Professbücher vor.[300]

Sein Hauptwerk hingegen wurde das „Monasticon Metropolis Salzburgensis antiquae", das 1908 erschien.[301] Darin behandelt Lindner die Lebensläufe aller Äbte und Pröpste der Klöster der alten Kirchenprovinz Salzburg, die damals neben Salzburg die Bistümer Brixen, Chiemsee, Freising, Gurk, Lavant, Passau, Regensburg und Seckau umfasste. Diese Zusammenstellung ist bis heute ein Grundlagenwerk für die Klosterforschung.

Mit seinen personenbezogenen historischen Arbeiten zu zahlreichen Klöstern in Bayern und Österreich hat er den unzähligen dort lebenden Mönchen der vergangenen Jahrhunderte erstmals ein Gesicht gegeben. Quellen, die ansonsten nur in Form von Totenroteln existiert hätten, hat er durch seine Professbücher der Öffentlichkeit zugänglich gemacht. So wird Primin Lindner auch heute noch dankbar von zahlreichen Historikern zitiert, die sich mit der Klostergeschichte beschäftigen.

Er verstarb am 27. Februar 1912 im Alter von 63 Jahren, nachdem er kurz zuvor vor Beginn der hl. Messe am Altar zusammengebrochen war. Seine letzte Ruhestätte fand er am 29. Februar in der Klostergruft von St. Peter in Salzburg.[302]

Joseph Lackner
1850-1908

Preisgekrönter Pferdezüchter im Lungau

Bei landwirtschaftlichen Veranstaltungen wurden im 19. Jahrhundert gerne Preise für herausragende Leistungen im Bereich Ackerbau und Nutztierhaltung vergeben. Unter die Preisträger mischten sich damals wiederholt auch Pfarrer der Region. Besonders die Pferdezucht war ein beliebter landwirtschaftlicher Zweig, in dem sich der Klerus hervortat. Im Lungau erlangte Joseph Lackner, Pfarrer in Mariapfarr, für seine prämierten Tiere überregionale Bekanntheit.

Joseph Lackner wurde am 22. Januar 1850 in St. Johann in Tirol geboren; seine Eltern waren der Bauer Joseph Lackner und Elisabeth geb. Hirnsberger.[303] Ab 1869 besuchte er das Klerikalseminar in Salzburg; am 23. Juli 1873 wurde er im Dom in Salzburg zum Priester geweiht.[304] Eine erste Stelle erhielt er bis 1875 als Koadjutor in Breitenbach; anschließend war er sechs Jahre Benefiziat in Kössen, 1881 wurde er Stadtkooperator in Kitzbühel und schon 1882 Vikar in Hollersbach. 1891 schließlich wurde er Pfarrer in Mariapfarr.[305]
Bekannt wurde er durch seine Erfolge im Bereich der Pferdezucht. So war er alljährlich unter den Preisträgern der um die Jahrhundertwende in Unternberg stattfindenden Pferdeausstellung. Dort trafen sich jedes Jahr im August die Bauern der Region mit ihren Züchtungen. Ausgezeichnet wurden dabei Mutterstuten mit und ohne Fohlen, junge Stuten sowie ein- und zweijährige Hengst- und Stutfohlen. Joseph Lackner erhielt 1901 den 11. Preis im Wert von 10 Kronen für seine Züchtung im Bereich „Mutterstute ohne Fohlen"; im Jahr 1902 wurde ihm in gleicher Kategorie eine silberne Medaille verliehen; 1904 wurde seine Züchtung mit einem Preisgeld von 40 Kronen honoriert.[306]

Joseph Lackner zeichnete sich jedoch auch noch in anderen Bereichen aus. So heißt es über ihn 1902 in einem Bericht über eine Bauernversammlung in Tamsweg treffend: *„Pfarrer Lackner sei in der Landwirtschaft sehr gut bewandert, da er schon seit 20 Jahren selbst Landwirt ist. Derselbe habe sich um die Bauernschaft Lungaus während seines 11 jährigen Hierseins in vieler Beziehung verdient gemacht, so besonders auch als Obmann, beziehungsweise als Obmann-Stellvertreter der Pferdeversicherung und Pferdezuchtsgenossenschaft, sowie auch als Mitglied der k. k. Landwirthschafts-Gesellschaft u.s.w. Derselbe sei auch seit 11 Jahren Gemeindeausschussmitglied von Mariapfarr und habe sich auch um die Raiffeisenkasse dortselbst wärmstens angenommen."*[307]

Er war zeitweise sogar Obmann des Aufsichtsrates des Raiffeisenkassa-Vereins von Mariapfarr und Landtagsabgeordneter für den Lungau in Salzburg. Er verkörpert somit treffend den Pfarrer der Jahrhundertwende als Vertreter der Interessen der Bauernschaft.

Joseph Lackner verstarb am 12. März 1908 im Alter von nur 58 Jahren in Mariapfarr ; seine letzte Ruhestätte fand er am 16. März auf dem örtlichen Friedhof.[308]

Peter Jeglinger
1856-1923

Der liberale und der katholische Leseverein in Seekirchen

Die zweite Hälfte des 19. Jahrhunderts ist auch im Salzburger Land geprägt durch ein aufblühendes Vereinswesen. Vor allem im Bürgertum entstanden zahlreiche kulturelle Zusammenschlüsse. Seekirchen konnte sogar auf zwei Lesevereine stolz sein, einen liberalen und einen katholischen Leseverein, dessen geistiger Vater unter anderem der Kanoniker Peter Jeglinger war, er verfasste auch eine Chronik des Zusammenschlusses.[309]

Peter Jeglinger wurde am 25. Juli 1856 in Salzburg geboren. Seine Eltern waren der Maurer Peter Jeglinger und Katharina geb. Waschl.[310] Ab 1876 besuchte er das Klerikalseminar; seine Priesterweihe fand am 25. Juli 1879 im Dom in Salzburg statt.[311] Im Jahr 1880 wurde er Koadjutor in Grödig, 1881 bis 1885 war er in selber Funktion in Goldegg eingesetzt; anschließend war er als Stadtkooperator in Kitzbühel tätig. 1886 bis 1892 hingegen war er Expositus in Oberndorf bei St. Johann in Tirol. 1892 wurde er zum Kanoniker in Seekirchen ernannt.[312]

Der Name Peter Jeglinger ist in Seekirchen eng mit der Stiftsbibliothek verbunden; diese und das örtliche Archiv wurden von ihm betreut. Eng verbunden ist somit sein Name auch mit dem katholischen Leseverein von Seekirchen, der 1870 ins Leben gerufen wurde und dessen Bibliothek sich aus der von Jeglinger betreuten Stiftsbibliothek speiste. Die Bildung von Lesevereinen wurde im 19. Jahrhundert von verschiedenen Richtungen als erstrebenswert betrachtet; einerseits vonseiten des liberalen Bürgertums, andererseits vonseiten der Kirche. Beide sahen darin die Möglichkeit, durch ausgewähltes

Wissen in Form von Büchern und Zeitschriften ihre Ideen und Weltanschauungen der Bevölkerung näherzubringen. In Seekirchen hatte sich bereits seit dem Jahr 1850 ein liberaler Leseverein etabliert. Diesem trat 1870 der katholische Zusammenschluss entgegen. Letzterer war in Klassen gegliedert und hatte vor allem Mitglieder, die dem Klerus entstammten.[313] Mit Argusaugen wurde vom Chronisten des katholischen Lesevereins, Peter Jeglinger, das Geschehen im liberalen Konkurrenzverein beobachtet. So beklagt der Kanoniker noch um die Jahrhundertwende die örtliche Vorherrschaft des liberalen Lesevereins als Ideenbringer. So besteht laut Jeglinger im Markt ein Leseverein, *„der wohl keine auf katholischem Leben bestehende Zeitschrift hält, dafür aber die mit recht berüchtigte ‚Gartenlaube' und derartiges seinen Mitgliedern bietet"*.[314] Die Geschichte des katholischen Lesevereins Seekirchen ist schnell erzählt. Er alterte mit seinen wenigen Mitgliedern und stellte 1901 seine Tätigkeit ein.[315] Eine Erfolgsgeschichte durchlebte hingegen die Bibliothek des katholischen Lesevereins; deren Bücher gingen schließlich in die um 1912 gegründete „Pfarr-Volksbibliothek" über.[316]

Peter Jeglinger sollte noch bis zum Lebensende seinen Büchern eng verbunden bleiben. Er starb am 8. Januar 1923 im Alter von 66 Jahren in Seekirchen, seine letzte Ruhestätte fand er auf dem örtlichen Friedhof.[317]

Valentin Hatheyer
1867-1957

Heimatforscher und Chronist von Tamsweg

Im Ruhestand war es einigen Priestern möglich, sich gänzlich der Heimatforschung zu widmen. Ein herausragendes Beispiel für den Lungau bildet hier Valentin Hatheyer, der sich nach seiner Pensionierung in Tamsweg niederließ und dort eine fruchtbare Tätigkeit als Historiker entfalten konnte.

Valentin Hatheyer wurde am 31. März 1867 in Tamsweg geboren; seine Eltern waren der Wundarzt Leopold Hatheyer und Elisabeth geb. Steyrer.[318] Er stammte aus einer sehr christlichen Familie; so entschieden sich drei seiner Brüder ebenfalls für den Priesterstand: Der am 10. August 1864 geborene Raimund wurde unter anderem Pfarrer in Unternberg, Henndorf, und zuletzt in Eugendorf, er verschied ebenda am 30. September 1927; Anton, am 22. Juli 1868 geboren, war Pfarrer in Hintersee und anschließend Rechnungsrevident der Erzdiözese, er verstarb am 28. September 1941 in Salzburg; der dritte Bruder, der am 13. Juni 1873 geborene Franz von Sales hingegen entschied sich für den Ordensstand und trat den Jesuiten bei. Er ging schließlich als Missionar nach China, seine letzte Ruhe fand er jedoch in St. Andrä in Kärnten, wo er am 25. September 1950 verschied.[319]

1887 trat Valentin Hatheyer in das Klerikalseminar in Salzburg ein und wurde am 13. Juli 1890 im Dom zum Priester geweiht.[320] Ab 1891 war er Kooperator in St. Veit, diese Tätigkeit übte er bis 1893 aus. In den folgenden Jahren war Hatheyer Präfekt und Professor am Borromäum; 1906 wurde ihm die Pfarre Hallwang übertragen. Schließlich wurde er 1912 Dechant und Pfarrer von Köstendorf. 1931 folgte seine Versetzung in den Ruhestand.[321]

Als Kommorant zog sich Valentin Hatheyer nach Tamsweg zurück; dort konnte er sich der Geschichte seiner Heimat widmen. Historisches Interesse hatte er bereits in seiner Zeit am Borromäum in Salzburg gezeigt. So war er 1898 Mitglied der Gesellschaft für Salzburger Landeskunde geworden. Im Jahr 1902 schrieb er einen ersten Aufsatz, der sich mit der protestantischen Bewegung im Lungau und dem Kapuzinerkloster in Tamsweg beschäftigte; dieser fand Veröffentlichung in der Zeitschrift „Collegium Borromäum", dem Jahresbericht des Gymnasiums; im Jahr 1904 folgten zwei weitere Aufsätze, die in den „Mitteilungen der Gesellschaft für Salzburger Landeskunde" abgedruckt wurden.[322] Darin beschäftigte sich Hatheyer mit den Familien Lederwasch und Gressing sowie mit der Geschichte des Rathauses in Tamsweg.

Den vollen Umfang seiner schriftstellerischen Tätigkeit konnte Valentin Hatheyer jedoch erst im Ruhestand entfalten. Mit einer Veröffentlichung zum 500-Jahr-Jubiläum der Wallfahrtskirche St. Leonhard bei Tamsweg machte er 1933 den Anfang; dieser folgten 1935 eine Betrachtung über die Gewerkenfamilie Jocher in Mauterndorf, veröffentlicht im Lungauer Kirchenblatt, und eine Untersuchung über die topographische Entwicklung des Marktes Tamsweg, 1936 in den „Mitteilungen der Gesellschaft für Salzburger Landeskunde" erschienen; 1938 verfasste er eine eigenständige Arbeit über den Eisenhandel im Lungau.[323] Ein wahres Denkmal setzte sich Valentin Hatheyer schließlich mit der „Chronik des Marktes Tamsweg", die er im Auftrag der Gemeinde verfasste.[324] Darin behandelt der Autor auf über 450 Seiten die Historie seiner Heimat in all ihren Facetten; so finden neben Rechts- und Kirchengeschichte darin breite Behandlung unter anderem die verschiedenen früher in Tamsweg ansässigen Gewerbe sowie eine breit angelegte Häuserchronik.

Valentin Hatheyer verstarb schließlich am 25. Juni 1957 im hohen Alter von 90 Jahren in Tamsweg. Dort fand er auch seine letzte Ruhestätte.

Martin Vital Hölzl
1871-1956

Sammler von Liedgut aus dem Salzburger Land

Durch das Sammeln von Geschichten und Liedern, die das einfache Volk über Jahrhunderte mündlich weitergegeben hat, wurde verhindert, dass dieses Vermächtnis in Vergessenheit geriet. Ein Priester, der sich diese Aufgabe gesetzt hatte, war Martin Hölzl[325], der später den Barmherzigen Brüdern beitrat und dort den Ordensnamen Vital erhielt.

Martin Hölzl wurde am 9. April 1871 in Mauterndorf geboren; seine Eltern waren der Gendarmerie-Postenführer Martin Hölzl und Helena geb. Leisinger.[326] Dem Besuch des Salzburger Klerikalseminars ab 1889 folgte am 10. August 1893 im Dom die Priesterweihe.[327] Noch im selben Jahr erhielt Hölzl eine Stelle als Koadjutor in Mittersill, unmittelbar darauf wechselte er bereits in gleicher Funktion nach Stuhlfelden, 1897 wurde er Administrator in Bucheben bei Rauris, 1898 folgte seine Versetzung als Kooperator in Ellmau, 1899 kam er in gleicher Funktion nach Adnet und anschließend 1902 nach Altenmarkt im Pongau. 1905 erhielt er mit St. Martin im Lammertal seine erste Pfarre übertragen. 1911 wurde er Pfarrer in Krimml. 1930 erfolgte schließlich aus gesundheitlichen Gründen seine Versetzung in den Ruhestand.[328]

Als Kooperator in Altenmarkt im Pongau begann Martin Hölzl eine sehr fruchtbare publizistische Karriere. Sein großes Interesse galt dabei dem Sammeln von Volksliedgut. Sein erstes Liederbuch brachte Hölzl 1902 heraus. Es trug den Titel „1.000 fl. [Gulden] sind wir wert", 1903 folgte seine zweite Veröffentlichung mit „Lachn oder rern?"; 1904 schließlich publizierte Hölzl mit „Grüß enk Gott, Leutl!" sein letztes Werk mit gesammelten Volksliedern.[329] Besonders amüsant lesen sich die Vorworte seiner Bücher, in welchen Hölzl die Lieder selbst zum Leser sprechen lässt; so heißt es beispielsweise in „Lachn oder rern?": *„Wir wären gerne mitgegangen mit der anderen Lieferung* [gemeint ist das erste Buch]*, aber die Lieder dort ‚haben uns nicht lassen'. Warum nicht? Sie haben gesagt, wir seien vielfach zu derb und mit uns könnten sie in feinen Pensionaten und dgl. nicht erscheinen. Nun ja, friedliebend, wie wir sind, haben wir nachgegeben. Weil aber auch wir uns vor der Sittenpolizei nicht fürchten, [...] so gehen halt wir allein [...] miteinander hinaus und herum in den deutschen Ländern. Vertragen tun wir uns hoffentlich mit allen, ob arm, ob reich, ob jung oder alt, ob gelehrt oder nicht und welcher Religion sie immer angehören."*[330]

Aus heutiger Sicht muten die in diesem Band veröffentlichten Lieder selbstverständlich kaum mehr derb an. Für die Zeit um 1900 hingegen kann man ihnen besagten Charakter durchaus nicht absprechen. Die drei Liederbücher Martin Hölzls waren schnell vergriffen, sodass weitere Auflagen nötig wurden: Brachte „Lachn oder rern?" es nur bis zur dritten, so erschien „1.000 fl. sind wir wert" 1922 in der 13. Auflage. Bei weitem am erfolgreichsten wurde sein letztes Liederbuch. So erreichte „Grüß enk Gott, Leutl!" noch 1932 eine 14. Auflage. Dies hing vor allem auch damit zusammen, dass dieses Liederbuch hauptsächlich Hirten- und Weihnachtslieder enthielt. So blieb dieses Werk über Jahrzehnte besonders in der Adventzeit populär.[331]

In seinem Ruhestand trat Martin Hölzl 1931 den Barmherzigen Brüdern bei. Dort erhielt er den Ordensnamen Vital. Im Anschluss war er als Seelsorger in Krankenhäusern und Sanatorien des Ordens tätig. Er verstarb schließlich am 13. April 1956 in Linz.[332]

Joseph Lahnsteiner
(1882-1971)

Volksschriftsteller für den Pinzgau

Im 19. und 20. Jahrhundert entstanden zahlreiche heimatgeschichtliche Abhandlungen; eher selten sind hierunter Arbeiten, die sich in Ausdruck und Schreibweise vor allem an die breite Bevölkerung richten. Für den Pinzgau findet sich mit den Werken von Joseph Lahnsteiner ein wahrer Schatz an gesammelten Geschichten, die durch ihre einfache Schreibweise für jedermann verständlich, geradezu zum Lesen anregen. Lahnsteiner gilt somit vor allem als Volksschriftsteller für den Pinzgau.

Joseph Lahnsteiner wurde am 10. Januar 1882 in Bramberg am Wildkogel geboren. Seine Eltern waren der Förster Ignaz Lahnsteiner und Juliana geb. Grießenauer.[333] Ab 1902 besuchte er das Klerikalseminar in Salzburg; seine Priesterweihe fand am 16. Juli 1905 im Dom statt.[334] Anschließend war er Kooperator in Altenmarkt, ab 1909 Pfarrprovisor, ab 1911 Pfarrer in Forstau. Ab 1929 wurde er schließlich Pfarrer in Seeham. Im Jahr 1941 trat er in den Ruhestand.[335]

Joseph Lahnsteiner begann ab den 1950er-Jahren seine ausgedehnte schriftstellerische Tätigkeit als Heimat- und Volksschriftsteller. Eine erste Arbeit entstand 1952 mit der Chronik von Taxenbach zum 1.000-Jahr-Jubiläum des Ortes.[336] Diese erste historische Arbeit weist bereits den erzählenden Charakter aus, der die Werke Lahnsteiners so wertvoll für die einfache Bevölkerung macht. Bereits die Titel der dort abgedruckten Geschichten laden zum Lesen ein. So berichtet eine Erzählung namens „Fahr ma mit da Eisenbahn!" darüber, wie das Salzachtal ab den 1870er-Jahren mit dem Bau der Eisenbahn erschlossen wurde. Der Text mit der Überschrift „Geh her, wannst dir traust!" hingegen thematisiert das große Ranggierfest zu Jakobi auf dem Hundstein, dabei handelt es sich um ein Kräftemessen zwischen jungen Burschen, die unter großer Anteilnahme des Publikums im Zweikampf gegeneinander antreten. Der Gewinner darf sich dann „Hagmoar vom Pinzgau" nennen.

Im Jahr 1956 veröffentlichte Joseph Lahnsteiner sein erstes großes Werk zum Pinzgau, es behandelt die Region Oberpinzgau und umfasst 691 Seiten; 1960 folgte sein Buch zum Unterpinzgau mit einem Umfang von 514 Seiten; 1962 schließlich wurde sein Universalwerk mit der Arbeit zum Mitterpinzgau mit 534 Seiten abgeschlossen.[337] Diese drei Bände zum Pinzgau bilden eine wahre Fundgrube an Geschichten; Joseph Lahnsteiner agiert auch hier vor allem als Geschichtenerzähler. So findet der Leser Erzählungen zur Franzosenzeit, zu alten Bräuchen oder zu Hexenverfolgung, Ackerbau und Nutztierhaltung, zum Bergbau oder zu bekannten Persönlichkeiten der Region. Die große Fülle der Geschichten, die sich in seinen Büchern findet mutet schier unerschöpflich an. Joseph Lahnsteiner hat mit seinem dreibändigen Werk zum Pinzgau ein bedeutendes Vermächtnis hinterlassen, das vor allem auch den reichen Wissensschatz der Bevölkerung wiederspiegelt, auf welchen der Priester für seine Geschichten zurückgreifen konnte.

Joseph Lahnsteiner verstarb am 14. September 1971 im Alter von 89 Jahren in Bramberg.[338]

Matthias Mayer
1884-1969

Die Freunde der Weihnachtskrippe in Salzburg

Weihnachtskrippen versinnbildlichen durch ihre Ausgestaltung immer auch die Bevölkerung und die Kultur, in deren Umkreis sie aufgestellt werden. So ist für das Salzburger Land auch die alpenländische Weihnachtskrippe markant. Im frühen 20. Jahrhundert entstand für die Region ein erster Krippenverein, dessen früher Förderer der Priester Matthias Mayer[339], Präfekt des Collegium Borromäum in Salzburg, war.

Matthias Mayer wurde am 8. Dezember 1884 in Langkampfen geboren. Seine Eltern waren der Privatier Matthias Mayer und Anna geb. Pfluger.[340] Nach anfänglichem Besuch des Borromäums in Salzburg setzte er sein Studium auf dem Collegium Germanicum in Rom fort, wo er am 28. Oktober 1910 auch zum Priester geweiht wurde. An der Gregorianischen Universität in Rom erwarb er auch das Doktorat der Philosophie und der Theologie. Wieder zurück in der Heimat wurde er zunächst als Kooperator in Angath und Wörgl eingesetzt. Von 1912 bis 1929 war er Präfekt und Verwalter im Borromäum in Salzburg. 1929 wurde er schließlich Pfarrer in Going.[341]

In Tirol hatte sich bereits ein Priester, der Franziskaner Johann Chrysostomos Mösl, um die Gründung eines lokalen Krippenvereins bemüht. Im Salzburger Land hingegen findet sich mit Matthias Mayer solch ein Förderer. Er wurde der erste Obmann des Vereins. So entstand mitten im Ersten Weltkrieg, im Dezember 1916, der Verein „Freunde der Weihnachtskrippe in Salzburg". In einem ausführlichen Bericht hierzu in der „Salzburger Chronik" heißt es: *„Wieder wird es ein Kriegs-Weihnacht werden";* Weihnachtsglocken und Kanonendonner,

Festgeläute und ferner Schlachtenlärm, Friedensbotschaft und Heeresberichte machten das Leid der Zeit umso fühlbarer.[342] Eben in dieser schweren Zeit war es ein um so größerer Wunsch in der Bevölkerung, eines der großen Symbole des Friedens, die „Weihnachtskrippe" wieder mehr in das Bewusstsein zu rufen. Nostalgisch rückblickend heißt es weiter: *„Einst war sie überall heimisch. Wenn Weihnachten kam, holte der Familienvater den ‚Krippelberg' vom Dachboden des Hauses. Und nun ging es ans Richten und Flicken"*, bis die Krippe wieder vollständig hergerichtet und Weihnachten gekommen war. Vor der Krippe knieten dann Vater, Mutter und die Kinder, beteten und sangen Lieder: *„Das war die Weihnacht von einst, schönere trautere, fröhlichere als sie der strahlende Christbaum hervorbringen kann [...] Gottlob, so ganz ist die Krippe noch nicht verschwunden [...] allerdings wird die Zahl immer geringer".*[343] Somit verfolgte der Verein „Freunde der Weihnachtskrippe" in Salzburg das Ziel, die Weihnachtskrippe wieder mehr in das Bewusstsein der Menschen und somit wieder mehr in die Häuser und Familien zu holen. Bereits im Dezember 1916 hatte der Zusammenschluss 60 Mitglieder. Bald nach Kriegsende konnte der Verein 1919 eine Krippenausstellung in St. Peter in Salzburg veranstalten. Aus der Feder von Matthias Mayer entstand in Zusammenarbeit mit dem Benediktiner Joseph Strasser der Katalog hierzu.[344] Insgesamt 145 Werke konnten die Besucher bewundern; darunter sogar Arbeiten aus dem Spätmittelalter; weiter zahlreiche Krippen aus dem 18. und 19. Jahrhundert. Selbst mehrere sogenannte „Nikolausgärten", Vorgänger der Weihnachtskrippe im Kirchenjahr, fanden sich unter den Ausstellungsobjekten.[345] Mit den Mitteilungen des Vereins „Die Weihnachtskrippe" erhielt dieser eine eigene Zeitschrift, die bereits in den ersten Jahren bis 1919 schon in mehreren hundert Exemplaren verschickt wurde.
Matthias Mayer zeichnete sich auch als renommierter Kirchenhistoriker für den Tiroler Raum aus. So stammt aus seiner Feder auch das bekannte Werk „Der Tiroler Anteil des Erzbistums Salzburg", das seit 1936 erschien.[346]
Er starb am 22. März 1969 im Alter von 84 Jahren in Innsbruck.[347]

Franz Xaver Klaushofer
1888-1976

Begeisterter Prangerschütze und Förderer des Schützenwesens

Besonders in den Alpenregionen sind örtliche Schützenvereine elementarer Bestandteil vieler Dörfer. Der Klerus fand mancherorts an diesem Hobby seine Freude. Priester wurden so auch zu Förderern des regionalen Schützenwesens. Mit Franz Xaver Klaushofer, dem Pfarrer von Seeham findet sich vor allem auch ein begeisterter Prangerschütze.

Franz Xaver Klaushofer wurde am 29. Februar 1888 in Faistenau geboren; seine Eltern waren der Mitterdöllerbauer Paul Klaushofer und Maria geb. Moser.[348] Nach dem Besuch des Klerikalseminars erhielt er am 16. Juli 1911 im Dom in Salzburg die Priesterweihe.[349] Anschließend war Klaushofer Kooperator in Großarl, Administrator in St. Martin am Tennengebirge, Provisor in Aurach bei Kitzbühel, Kooperator in Altenmarkt im Pongau, Provisor in Krispl und Kooperator in Kirchdorf in Tirol; 1929 wurde er Pfarrer in Weißbach bei Lofer. Ab 1933 war er Pfarrer in Faistenau. 1939 wurde Klaushofer durch die Nationalsozialisten ein dauerhaftes Betreuungsverbot seiner Pfarrgemeinde erteilt. Noch im gleichen Jahr erhielt er die Pfarre Seeham übertragen. Dieser stand er schließlich bis 1975 vor.[350]

Das Schießen war für Klaushofer die große Leidenschaft; so übte er sich bereits als junger Student im Umgang mit dem Stutzen. 1916 kaufte sich der Priester seinen ersten Prangerstutzen. Als er 1939 die Pfarre Seeham bezog, staunte die Bevölkerung, als ihr neuer Seelsorger drei Prangerstutzen mitbrachte. Klaushofer begann in der olgezeit Prangerstutzen zu bauen, hierzu richtete er sich am Dachboden des Pfarrhofes sogar eine eigene kleine Werkstätte ein. 1948 erteilte der Pfarrer von Seeham den ersten Prangerstutzen-Schützen Schießunterricht. Dieses Angebot des Ortsseelsorgers stieß in der Umgebung auf großes Interesse, so musste Klaushofer in der Folge auch für Bewohner von Berndorf und Obertrum Unterricht im Stutzenschießen abhalten. Schließlich wurde 1964 auf die Initiative des Pfarrers der Verein die „Seehamer Prangerschützen" ins Leben gerufen.[351]

Franz Xaver Klaushofer verstarb schließlich, nachdem er 1975 sein Amt als Ortsseelsorger niedergelegt hatte, am 13. Januar 1976 im Alter von 87 Jahren in Faistenau.[352]

Leonhard Steinwender
(1889-1961)

Ein Priester im Konzentrationslager Buchenwald

Als die Nationalsozialisten 1938 Österreich besetzt hatten, wurden sofort zahlreiche Parteigegner verhaftet; nicht selten führte deren Weg anschließend in eines der vielen Konzentrationslager. Auch einige Vertreter des geistlichen Standes ereilte dieses schlimme Schicksal. Einer dieser Priester war Leonhard Steinwender. Die Erinnerungen an seine Zeit in Buchenwald hat er unmittelbar nach Kriegsende 1946 in einem Buch veröffentlicht.

Leonhard Steinwender wurde am 19. September 1889 in Tamsweg geboren; Seine Eltern waren der Franzenbauer in Lasaberg Leonhard Steinwender und Salome geb. Prodinger.[353] Ab 1908 besuchte er das Klerikalseminar; am 27. März 1912 empfing er in der Dreifaltigkeitskirche in Salzburg die Priesterweihe.[354] Anschließend war er Kooperator in Brixlegg, ab 1915 in selber Funktion in Salzburg-Nonntal. 1927 wurde er Kanoniker in Mattsee.[355]

Ab 1915 war er Redakteur und ab 1917 Chefredakteur der Zeitung „Salzburger Chronik". Nachdem die Nationalsozialisten Österreich besetzt hatten, wurde er 1938 zunächst in Schutzhaft genommen und anschließend in das Konzentrationslager Buchenwald eingeliefert. Nach der Entlassung 1940 wurde er bis 1945 als Vikar in Petting eingesetzt.[356] Unmittelbar nach Kriegsende veröffentlichte Steinwender im Verlag von Otto Müller in Salzburg eine Schrift, in der er seine Zeit im Konzentrationslager Buchenwald schildert. Das Werk trägt den Titel „Christus im Konzentrationslager – Wege der Gnade und des Opfers".[357] Leonhard Steinwender beschreibt darin das menschenverachtende Alltagsleben aus der Sicht eines katholischen Priesters.

So schildert er beispielsweise die geistliche Versorgung im Krankenhaus des Konzentrationslagers mit folgenden Worten: *„Besonders schmerzlich war es für uns, daß unsere seelsorgliche Hilfe auch nicht einmal Kranken und Sterbenden zuteil wurde. Das Krankenhaus (Revier) diente ja nicht der Heilung und Betreuung, sondern gerade dort wütete der Tod. Die ins Auge springende Unzulänglichkeit des Häftlingskrankenhauses war schon ein äußerer Beweis dafür, daß man mit dem Lagergrundsatze, den man uns oft genug vorbrüllte, ernst machte: ‚Im Lager gibt es nur Gesunde oder Tote'. [...] Selbst wenn wir das heilige Öl für das Sakrament der Krankenölung hätten in das Lager schmuggeln können, so hätten wir trotzdem nur in besonderen Ausnahmefällen die Möglichkeit gehabt, den Auftrag des Apostels Jakobus zu erfüllen: ‚Ist jemand krank unter euch, so rufe er die Priester der Kirche [...].' Nur ein einzigesmal konnte ich durch einen Zufall einem Sterbenden beistehen, als er in den letzten Zügen liegend, zum Morgenappell getragen wurde.'*[358]

Im Auftrag von Erzbischof Andreas Rohracher baute Leonhard Steinwender ab 1945 eine neue Kirchenzeitung für die Erzdiözese auf, den „Rupertiboten". Somit gilt der Priester als geistlicher Vater des heutigen „Rupertusblattes". 15 Jahre lange betreute er als Schriftleiter diese Zeitung.

Steinwender verstarb schließlich am 22. August 1961 im Alter von 71 Jahren in Mattsee.[359]

Franz Simmerstätter
1898-1997

Ein Jahrhundertpriester und der Weltfußball

Es gibt kaum einen Menschen, der zu seinem Lebensende mit seiner Vita auf ein ganzes Jahrhundert zurückblicken kann. Der Priester Franz Simmerstätter[360], der 1997 im Alter von 99 Jahren verstarb, konnte auf ein bewegtes 20. Jahrhundert schauen, wobei ihn ein kurioses Ereignis im Jahr 1966 sogar für einen kurzen Moment in die Welt des Weltfußballs führte.

Franz Simmerstätter wurde am 15. Dezember 1898 in Obertrum geboren. Seine Eltern waren Johann Simmerstätter, Bauer in Übertsberg, und Viktoria geb. Lechner.[361] Nach Besuch von Borromäum und Klerikalseminar erfolgte am 17. Juli 1921 im Dom in Salzburg seine Priesterweihe.[362] 1922 wurde er Kooperator in Lend, 1927 in Lofer und 1929 in Anthering und Liefering; 1936 wurde er Direktor des Mädchen-Institutes St. Sebastian in Salzburg; 1938 erfolgte seine Aufnahme in das Salzburger Domkapitel, 1952 wurde er außerdem Domkustos, ab 1956 Domscholastikus und ab 1960 Domdechant.

In seinem langen Leben erlebte er die großen Umbrüche des 20. Jahrhunderts. Kindheit und Jugend verbrachte er noch in der k. k. Monarchie, besuchte noch in dieser Zeit das Borromäum in Salzburg und anschließend das Priesterseminar. Das erste einschneidende Erlebnis brachte für ihn im Ersten Weltkrieg die Einberufung zum Kriegsdienst 1917. Im Alter von 19 Jahren erlebte er den Zerfall der Monarchie. In einer neu entstandenen Ersten Republik Österreich schloss er sein Studium ab und empfing 1921 die Priesterweihe. Als Expositus in Lieferung wurde Franz Simmerstätter 1934 Zeitzeuge der sogenannten braunen Revolte. Kaum 1938 in das Salzburger

Domkapitel berufen, musste der damals 39-jährige Priester die Besetzung Österreichs durch Adolf Hitler miterleben. Die Folgezeit war geprägt durch die Enteignung kirchlicher Gebäude durch die nationalsozialistischen Machthaber. So wurde unter anderem das Haus des Erzbischofs zum Sitz der SS-Führung. Außerdem kam es zu einer Verhaftungswelle, der vor allem auch zahlreiche Priester zum Opfer vielen. Im Jahr 1939 traf dieses Schicksal auch Franz Simmerstätter, da er als „Feind des Nationalsozialismus" angesehen wurde. 1940 erfolgte seine Haftentlassung; unmittelbar darauf erhielt er eine Anstellung als Provisor in Rattenberg, ein Amt, das er bis Kriegsende 1945 ausübte. Die folgenden Jahre in einer jungen Zweiten Republik Österreich waren vor allem geprägt vom äußerlichen wie auch vom inneren Wiederaufbau der Kirche. Der nun anbrechende Kalte Krieg ließ die Menschen im Land innerlich nicht zur Ruhe kommen, so beobachteten viele Österreicher mit Sorge die Niederschlagung des Aufstandes 1956 im Nachbarland Ungarn. Die Jugendrevolution in den 1960er-Jahren hingegen wurde von zahlreichen Vertretern des Klerus mit Sorge betrachtet.

Franz Simmerstätter brachte sein ganzes Leben lang dem Weltgeschehen großes Interesse entgegen und kommentierte dieses in zahlreichen Gesprächen mit Freunden und Vertrauten. Ein Ereignis aus dem Jahr 1966 sollte ihn jedoch für einen kurzen Augenblick in die Welt des Weltfußballs bringen. Als der berühmte Fußballspieler Pelé bei seiner Hochzeitsreise auch die Stadt Salzburg besuchte, wurde er von Franz Simmerstätter durch den Dom geführt. Dabei soll der Priester dem Brasilianer die Frage gestellt haben: *„In welchem Sport sind Sie eigentlich berühmt."* Noch im hohen Alter erzählte der „Alte Simmerstätter", wie er schließlich genannt wurde, mit großer Freude von alten, längst vergangenen Zeiten. Ein enger Vertrauter, der Priester Leonhard Lüftenegger, verfasste schließlich eine Biographie dieses „Jahrhundertpriesters".

Franz Simmerstätter starb am 8. Oktober 1997 in Salzburg im hohen Altern von 99 Jahren. Seine letzte Ruhestätte fand er auf dem Sebastiansfriedhof. Besonders treffend hat Erzbischof Eder bei der Begräbnisfeier formuliert: *„Ein solch langes Priesterleben kann man nicht in einigen Sätzen schildern, man kann nur einige Stationen oder Charakterzüge herausgreifen."*[863]

Franz Wasner
1905-1992

Geistlicher Mentor und Manager der Trapp-Familie

Jährlich kommen über 300.000 Touristen ausschließlich wegen des bekannten Musikfilms „Sound of Music" nach Salzburg. Die damals schon weltweit bekannte Trapp-Familie wurde durch den Film in neuer moderner Hinsicht berühmt. Gänzlich in Vergessenheit geriet hingegen deren geistlicher Mentor und Manager Franz Wasner[364], der 1992 in Salzburg verstarb.

Franz Wasner wurde am 28. Dezember 1905 in Feldkirchen bei Mattighofen geboren. Seine Eltern waren der Gendarm Johann Nepomuk Wasner und Maria geb. Eder.[365] Am 17. März 1929 empfing er die Priesterweihe; 1930 wurde er als Kooperator in Mayrhofen im Zillertal eingesetzt; ab 1931 war er Kaplan in Rom, 1934 erhielt er die Funktion des Subregens im Priesterseminar in Salzburg. 1938 wanderte Wasner mit der Familie Trapp in die USA aus. Ab 1960 begab er sich als Missionar auf die Fidschi-Inseln; ab 1967 hatte er das Amt des Rektors in Santa Maria dell` Anima in Rom. 1982 schließlich kehrte er nach Salzburg zurück.[366]

Im Jahr 1935 kam es zu der folgenreichen Begegnung zwischen Franz Wasner und der Familie Trapp, welche schließlich die Lebenswege aller Beteiligten für die folgenden Jahrzehnte prägen und aneinander binden sollte: Damals bat ihn Professor Dillersberger, die Ostermesse in der Kapelle der Trapp-Villa zu feiern. Dabei hörte der Priester das erste Mal die singende Kinderschar;[367] es folgte eine Zusammenarbeit, die durch die teilweise immer wieder fordernde Art Wasners als Mentor geprägt war. Zum musikalischen Erfolg der Familie noch in den späten 1930er-Jahren in Österreich führte hingegen Lotte Lehmann. Als die Sängerin die Familie im Sommer 1936 zufällig bei einer Übungsstunde im Park hörte, meldete sie die Gruppe zu einem Chorwettbewerb an; dort „ersang" sich die Familie den ersten Preis.[368] Als die Trapps 1938 in die USA auswanderten, war es wiederum Franz Wasner, auf dessen Bemühungen unter anderem als Manager sowie als Finanzverwalter der Erfolg der Familie in der neuen Welt beruhte: Es folgten unzählige Engagements in den USA; schließlich gingen die Trapp-Family-Singers sogar auf Welttournee. Die Summe aller Auftritte liest sich eindrucksvoll: rund 2.000 Konzerte in den USA sowie auf mehr als 15 Tourneen durch Lateinamerika, Australien, Neuseeland und die Südseeinseln. Auch Europa wurde nach dem Zweiten Weltkrieg bereist. Weiters brachte der Chor 145 Platten sowie zahlreiche Bücher heraus.[369] Nach der Auflösung der Trapp-Family-Singers 1956 widmete sich Wasner seiner Tätigkeit als Missionar, die ihn schließlich auf die Fidschi-Inseln verschlug. Als Rektor in Rom und in seinen späten Jahren in Salzburg liegt sein Hauptverdienst in der Archivarbeit und in der Katalogisierung der liturgischen Bücher. Zudem war er selbst ein passionierter Komponist kirchlicher Lieder. Sein musikalischer Nachlass befindet sich heute im Archiv der Erzdiözese Salzburg.

Franz Wasner verstarb am 21. Juni 1992 im Alter von 86 Jahren in Salzburg. Seine letzte Ruhestätte fand er in der Hagenauergruft auf dem Friedhof St. Peter.[370]

Johann Desch
1912-2004

Mundartdichter im Flachgau

Die Poesie lag manchen Priestern im Blut. Besonders die Mundartdichtung war es, mit der mancher Dorfpfarrer zur Unterhaltung seiner Pfarrgemeinde beitragen konnte. Mit Johann Desch findet sich im Flachgau ein sehr schönes Beispiel hierfür. Er schaffte es sogar die Mundart in den Gottesdienst zu integrieren.

Johann Desch wurde am 5. August 1912 in Salzburg geboren; seine Eltern waren der Postamtsdiener Johann Desch und Aloisia geb. Wiesmüller.[371] Nach dem Besuch der Handelsschule trat Johann Desch anfänglich in die Fußstapfen seines Vaters, arbeitete als Büroangestellter und Postbediensteter. Ab 1936 besuchte er das Gymnasium und legte 1941 die Matura ab. Es folgten das Philosophie- und Theo-logiestudium in Eichstätt. Nach dem Krieg schloss er sein Studium in Salzburg ab und wurde dort am 13. Juli 1947 zum Priester geweiht.[372] Anfangs war er Kooperator in Nußdorf, Adnet, Unken, Aigen und Itzling, 1959 wurde er Pfarrer von Henndorf. Dieses Amt hatte er bis zu seiner Pensionierung 1984 inne, anschließend zog Desch nach Salzburg.[373]

Bereits in der Jugend verfasste Desch lyrische Texte in Mundart. Als Pfarrer von Henndorf konnte er dieses Hobby auch in seine priesterliche Tätigkeit integrieren. So schrieb er den Text für die sogenannte „Henndorfer Mundartmesse". Einen weiteren großen Erfolg konnte er mit dem Gedicht „Der Weinfuhrmann" verzeichnen. Es fand sogar im Rahmen der Henndorfer Einkehr eine Aufführung im Rundfunk statt.

Johann Desch starb am 27. Januar 2004 im Alter von 87 Jahren in Salzburg.[374]

Valentin Pfeifenberger
1914-2004

Kreatives Multitalent seiner Zeit

Zu Valentin Pfeifenberger wurde schon viel geschrieben.[375] Er ist unbestritten wohl eine der bekanntesten Priester-Persönlichkeiten der letzten Jahrzehnte aus dem Salzburger Land. Er zeichnete sich neben seinem geschichtlichen Interesse vor allem durch ein hohes Maß an Kreativität aus. Durch immer neue Ideen versuchte er seinen Pfarrkindern Glauben und Kirche näherzubringen.

Valentin Pfeifenberger wurde am 13. November 1914 in Zederhaus im Lungau geboren. Seine Eltern waren Valentin Pfeifenberger und Katharina geb. Moser.[376] Dem Besuch im Borromäum in Salzburg folgte Theologie- und Philosophiestudium. Am 9. Mai 1940 empfing Valentin Pfeifenberger im Dom zu Salzburg die Priesterweihe.[377] Anschließend wurde er Kooperator in Vigaun, Wagrain, 1946 in Unken und 1950 in Elmau; 1951 erhielt er die Pfarre Thierbach übertragen. 1956 übernahm er die Pfarre Thomatal.[378]

Der Seelsorger bemühte sich sein ganzes Leben lang, mit ungewöhnlichen, aber auch kreativen Ideen den Glauben zu vermitteln. Dies war in einer von Massenmedien geprägten Zeit nicht leicht. Valentin Pfeifenberger griff dabei auf alte Traditionen zurück und ließ diese wieder aufleben und pflegen. So erlebten der Georgiritt oder das Sauhaxnopfer ein wahres Revival. Überregional bekannt wurde der „Voitl", wie er liebevoll von den Lungauern genannt wurde, durch den 1967 wieder eingeführten Palmeselritt, ein Brauch, der vielerorts im 18. Jahrhundert aufgehört hatte zu existieren. Dabei ritt der Pfarrer von Thomatal am Palmsonntag auf einem lebendigen Esel durch den Ort. Valentin Pfeifenberger konnte sich auch als Tonkünstler beweisen. So gehen Kompositionen wie eine „Vogelmesse" sowie eine „Meermuschelmesse" auf seinen Ideenreichtum zurück. Zuletzt sei unter den eigenen Schöpfungen des Pfarrers von Thomatal noch das Untersbergspiel genannt. Darin wurden die Sagen um Kaiser Karl thematisiert, der bekanntlich im Untersberg schläft, um eines Tages aus dem Berg zu kommen und seine letzte Schlacht am Walserberg zu schlagen. Sein Werk veröffentlichte Valentin Pfeifenberger schließlich 1971 im Selbstverlag.[379]

Valentin Pfeifenberger verstarb am 7. Juli 2004 im Alter von 89 Jahren in Tamsweg. Seine letzte Ruhestätte fand er auf dem Friedhof in Thomatal in einem liebevoll und einfach gestalteten Priestergrab.[380]

Bruno Regner
1916-1998

Die Modernisierung der Kirche ab den 1950er-Jahren

Die 1950er und 1960er-Jahre stehen innerhalb der katholischen Kirche im Zeichen des Umbruchs und der inneren Erneuerung. Zahlreiche junge Priester wurden damals mitgerissen von einem inneren Drang, sich an dieser Erneuerung aktiv zu beteiligen. Auch der Pfarrer von Wörgl, Bruno Regner, schloss sich passioniert dieser Strömung an.

Bruno Regner wurde am 27. April 1916 in Ramingstein geboren. Seine Eltern waren der Bäcker Balthasar Regner und Carolina Hübler.[381] Am 9. Mai 1940 empfing er die Priesterweihe.[382] Anschließend war er Kooperator in Bad Gastein und ab 1946 in Mittersill; 1954 wurde er Pfarrer in Wörgl. 1964 folgte seine Ernennung zum Domkapitular. Weiters war Regner Leiter des Liturgiereferates sowie ab 1975 Seelsorger in Rehhof.[383]

Als er die Seelsorgestelle in Wörgl antrat, war die katholische Kirche noch ein verstaubtes Relikt aus dem 19. Jahrhundert, das einer Grundsanierung bedurfte, die Zeiten hatten sich geändert. Die Kirche musste volksnäher und moderner werden, das Volk musste mehr in den Gottesdienst einbezogen werden. Bruno Regner widmete sich mit besonderer Passion eben diesem Anliegen. Über die Liturgie wollte er das Pfarrleben gestalten und die Gläubigen erreichen; dazu traf sich der Pfarrer immer Samstagabends in der Pfarrkirche mit einer wachsenden Zahl an motivierten Gläubigen, um mit ihnen die Gestaltung des Sonntagsgottesdienstes zu planen.[384] Ein zentrales Anliegen Regners war auch die bauliche Modernisierung der Pfarrkirche in Wörgl. Dazu wurde ein großer Volksaltar errichtet. Der

Pfarrer stand nun nicht mehr wie früher mit dem Rücken zum Volk, sondern seiner Pfarrgemeinde gegenüber. Die Gestaltung der Kirchentüren wurde hingegen modernen Künstlern übertragen.[385] Regner schuf damit in Wörgl ein modernes Gotteshaus, das sinnbildlich für die Erneuerung der Kirche in der Nachkriegszeit steht. Seine Bemühungen um die Erneuerung der Kirche wurden ihm von zahlreichen Gläubigen noch lange nach seinem Weggang aus Wörgl gedankt.

Bruno Regner verstarb schließlich am 5. Mai 1998 im Alter von 82 Jahren in Salzburg.[386]

Abkürzungen

ABP	Archiv des Bistums Passau
ADB	Allgemeine Deutsche Biographie
AEM	Archiv des Erzbistums München und Freising
AES	Archiv der Erzdiözese Salzburg
BLKÖ	Biographisches Lexikon des Kaiserthums Oesterreich
CReg	Canonicus Regularis (Augustiner Chorherren)
DAL	Diözesanarchiv Linz
DASP	Diözesanarchiv St. Pölten
Matr.	Pfarrmatrikel
MGSLK	Mitteilungen der Gesellschaft für Salzburger Landeskunde
NDB	Neue Deutsche Biographie
OFM	Ordo Fratrum Minorum (Franziskaner)
OSB	Ordo Sancti Benedicti (Benediktiner)
ÖBL	Österreichisches Biographisches Lexikon 1815-1950
RES	Regesta Ecclesiastica Salisburgensia – Personendatenbank der Erzdiözese Salzburg

Quellen und Literatur

[1] Eine erste Betrachtung von Leben und Werk Haslbergers entstand durch Franz Martin, siehe hierzu: Franz Martin, Die Salzburger Chronik des Felix Adauctus Haslberger, in: MGSLK 67 (1927), S. 33-64.
[2] AES, Matr. Salzburg Dompfarre, Taufen (1713-1736), S. 848.
[3] AES, Ordinationskatalog (1772-1816), S. 262.
[4] Martin, Haslberger 1927, S. 33f.
[5] Martin, Haslberger 1927, S. 39.
[6] Martin, Haslberger 1927, S. 34f.
[7] Martin, Haslberger 1927, S. 36.
[8] Franz Martin, Die Salzburger Chronik des Felix Adauctus Haslberger, in: MGSLK 67 (1927), S. 33-64; 68 (1928), S. 51-68; 69 (1929), S. 97-120.
[9] In AES, Matr. Thalgau, Sterbefälle (1777-1813) ist kein Eintrag zu finden.
[10] Martin, Haslberger 1927, S. 39.
[11] AES, Matr. Neumarkt am Wallersee, Taufen (1730-1793), S. 42.11
[12] Siehe hierzu Judas Thaddäus Zauner (Hg.), Verzeichniß aller akademischen Professoren zu Salzburg vom Jahre 1728 bis zur Aufhebung der Universität, Salzburg 1813, S. 75.
[13] Der Bericht fand als Schreiben Veröffentlichung in Judas Thaddäus Zauner (Hg.), Beyträge zur Geschichte des Aufenthaltes der Franzosen im Salzburgischen und in den angränzenden Gegenden, Bd. 6, Salzburg 1802, S. 295-322.
[14] Socher, Bericht, S. 293.
[15] Socher, Bericht, S. 295f.
[16] Socher, Bericht, S. 297.
[17] Socher, Bericht, S. 297f.
[18] Socher, Bericht, S. 322.
[19] AES, Matr. Straßwalchen, Sterbefälle (1694-1813), S. 633.
[20] Ein ausführlicher Nekrolog zu Peter Kröll findet sich in Königlich Baierisches Salzach-Kreis-Blatt, 26. Juni 1811, Sp. 467-470; 6. Juli 1811, Sp. 492-494.
[21] AES, Matr. Saalbach, Taufen (1725-1771), S. 125.
[22] Nekrolog Kröll, Sp. 467f.
[23] AES Ordinationskatalog (1772-1816), S. 95.
[24] Nekrolog Kröll, Sp. 468f.
[25] Nekrolog Kröll, Sp. 492.
[26] Nekrolog Kröll, Sp. 493f.
[27] AES, Matr. Mariapfarr, Sterbefälle (1782-1821), S. 56.
[28] Zu Matthäus Reiter liegen bereits mehrere Biographien vor. Siehe hierzu Hans Roth, Matthäus Reiter: (1750-1828); Pfarrer von Ainring, religiöser Schriftsteller, Förderer des Schulwesens und Freund der Armen, in: Das Salzfass 24 (1990), S. 105-116. Siehe außerdem Gemeinde Ainring (Hg.), Ainring, Ainring 1990, S. 131-135.
[29] AES, Matr. Salzburg Dompfarre, Taufen (1737-1755), S. 505.
[30] AES, Priesterhaus Catalogus Ordinandorum (1737-1793), S. 678; AES, Ordinationskatalog (1772-1816), S. 42.
[31] Heimatbuch Ainring, S. 131.

³²Benedikt Pillwein, Geschichte, Geographie und Statistik des Erzherzogthums Österreich ob der Enns und des Herzogthums Salzburg, Erster Theil: Der Mühlkreis, Linz 1827, S. 112.
³³Siehe hierzu ausführlich in: Heimatbuch Ainring, S. 131-135.
³⁴Zur schriftstellerischen Tätigkeit von Matthäus Reiter siehe Heimatbuch Ainring, S. 132f.
³⁵Journal von und für Deutschland 1786, S. 295-300, 516-519.
³⁶Heimatbuch Ainring, S. 133.
³⁷Schematismus Freising 1829, S. 132.
³⁸AEM, Matr. Ainring, Sterbefälle (1807-1863), S. 60.
³⁹Zu Lorenz Hübner siehe Hübner, Lorenz, in: BLKÖ, Bd. 9 (1863), S. 397-399; Manfred Brandl, Hübner, Lorenz, in: NDB Bd. 9 (1972), S. 721-722; Außerdem für Hübners Zeit in Salzburg Heide Ruby, Lorenz Hübner (1751-1807). Leben und Werk als Publizist, Topograph und Historiker in Salzburg, Diss. Universität Wien 1965.
⁴⁰Brandl, Hübner, S. 721f.
⁴¹AEM, Freising Statistik, Weiheregister (1766-1799), S. 244.
⁴²Hübner, BLKÖ, S. 397; Hübner, NDB, S. 721.
⁴³Hübner, BLKÖ, S. 397f.; Hübner, NDB, S. 721.
⁴⁴Lorenz Hübner, Beschreibung der hochfürstlichen-erzbischöflichen Haupt- und Residenzstadt Salzburg und ihrer Gegenden vorzüglich für Ausländer und Reisende, Salzburg 1794.
⁴⁵Lorenz Hübner (Hg.), Physikalisches Tagbuch für Freunde der Natur, Salzburg Jg. 1-4, 1784-1787.
⁴⁶Lorenz Hübner, Reise durch das Erzstift Salzburg zum Unterricht und Vergnügen, Salzburg 1796.
⁴⁷Hübner, BLKÖ, S. 397.
⁴⁸AES, Matr. Salzburg St. Andrä, Taufen (1743-1768), S. 128.
⁴⁹AES, Ordinationskatalog (1772-1816), S. 43.
⁵⁰Rettensteiner, P. Werigand, in: ÖBL 1815-1950, Bd. 9, S. 93; Ernst Hintermaier, Materialien zur Musik und Musikpflege im Benediktinerstift Michaelbeuern im 17., 18. und 19. Jh., in: Benediktinerabtei Michaelbeuern. Eine Dokumentation anläßlich der Eröffnung und Weihe der neu adaptierten Räume für Internat, Schule und Bildungsarbeit, Michaelbeuern 1985, S. 237-248, hier S. 243.
⁵¹Werigand Rettensteiner u.a., Biographische Skizze von Michael Haydn, Salzburg 1808, Faksimileausgabe, Stuttgart 2006, Nachwort von Armin Kircher, S. 64.
⁵²Constantin Schneider, Geschichte der Musik in Salzburg von der ältesten Zeit bis zur Gegenwart, Salzburg 1935, S. 136f.
⁵³Zitiert nach Schneider, Musik, S. 137.
⁵⁴Werigand Rettensteiner u.a., Biographische Skizze von Michael Haydn: von des verklärten Tonkünstlers Freunden entworfen und zum Beßten seiner Wittwe herausgegeben, Salzburg 1808.
⁵⁵Werigand Rettensteiner, Catalog über die bekannten Compositionen des Herrn Michael Haydn, des großen Einzigen, Unnachahmlichen Meisters im Kirchenstyle, Michaelbeuern 1814.
⁵⁶DAL, Matr. Perwang, Todesfälle (1813-1848), S. 26.
⁵⁷Eine kurze Biographie zu Leopold Michl findet sich in: Franz Storch (Hg.), Skizzen zu einer naturhistorischen Topographie des Herzogthumes Salzburg, Erster Band. Flora von Salzburg, Salzburg 1857, S. 14-15.
⁵⁸AES, Matr. Salzburg-Nonntal, Taufen (1728-1769), S. 155.

[59] AES, Priesterhaus Catalogus Ordinandorum (1737-1793), S. 778; AES, Ordinationskatalog (1772-1816), S. 251.
[60] Storch, Michl, S. 14; Außerdem RES.
[61] Storch, Michl, S. 14.
[62] David Heinrich Hoppe (Hg.), Botanisches Taschenbuch für die Anfänger dieser Wissenschaft und der Apothekerkunst, auf das Jahr 1804, Regensburg 1804, S. 39-49, hier S. 40.
[63] Hoppe, Taschenbuch, S. 42f.
[64] AES, Matr. Salzburg St. Andrä, Sterbefälle (1841-1850), S. 51.
[65] In Bezug auf Johann Nepomuk Hiernle ist von Relevanz: Ernst Hintermaier, Das Priesterleben Joseph Mohrs, in: Thomas Hochradner (Hg.); „Stille Nacht! Heilige Nacht" zwischen Nostalgie und Realität; Joseph Mohr – Franz Xaver Gruber – Ihre Zeit, Salzburg 2002, S. 65-74; Hermann Spies, Über Joseph Mohr, den Dichter von „Stille Nacht, heilige Nacht", in: MGSLK 84/85 (1944/45), S. 122-141.
[66] AEM, Matr. Landshut St. Martin, Taufen (1753-1775), S. 746.
[67] AEM, Personalia (alt), Sign. 3548; siehe außerdem Götz Freiherr von Pölnitz, Die Matrikel der Ludwig-Maximilians-Universität; Ingolstadt – Landshut – München; Teil I; Band III, Halbbd. 2; 1750-1800; München 1979, S. 219, Nr. 5569.
[68] AEM, Freising Statistik, Weihe- und Investiturregister (1766-1799), S. 661.
[69] Zitiert nach Spies, Mohr, S. 129.
[70] Siehe hierzu Hintermaier, Priesterleben, S. 66.
[71] Hintermaier, Priesterleben, S. 65; Spies, Mohr, S. 128.
[72] Wochenblatt des landwirthschaftlichen Vereins in Baiern, 27. Juni 1815, S. 614.
[73] Wochenblatt des landwirthschaftlichen Vereins in Baiern, 7. Nov. 1815, S. 84.
[74] AES, Domchorvikare/Varia 1603-1922, 1/52.
[75] AES, Matr. Salzburg St. Blasius, Sterbefälle (1834-1861), S. 139.
[76] Wiener Zeitung, 6. Dez. 1850, S. 3691.
[77] Schematismus Salzburg 1814, S. 50.
[78] Siehe hierzu die Angaben in RES.
[79] Gerline Haid, Thomas Hochradner (Hg.), Lieder und Tänze um 1800 aus der Sonnleithner-Sammlung der Gesellschaft für Musikfreunde in Wien (Corpus musicae popularis austriacae, 12 Volksmusik in Salzburg), Wien u.a. 2000, S. 319-338.
[80] Haid, Lieder, S. 319-320.
[81] Siehe hierzu Haid, Lieder, S. 320.
[82] Haid, Lieder, S. 321-322.
[83] Siehe hierzu Haid, Lieder, S. 322.
[84] AES, Matr. Bruck an der Großglocknerstrasse, Sterbefälle (1783-1856), S. 127.
[85] ABP, Matr. Breitenberg, Taufen (1766-1795), S. 27.
[86] Alfons Maria Scheglmann, Geschichte der Säkularisation im rechtsrheinischen Bayern; Bd. 3, Teil 2; Die Säkularisation der Zisterzienserabteien, Prämonstratenserabteien, Augustinerchorherrenpropsteien, der übrigen im Jahre 1803 gefallenen Männerklöster und des Doppelklosters Altomünster, Regensburg 1908, S. 598.
[87] Stefan Trinkl, Der Klerus des Erzbistums München und Freising (1821-1918), Manuskript.
[88] Centralblatt des landwirthschaftlichen Vereins in Bayern, Jg. 1836, S. 668.
[89] Wochenblatt des landwirthschaftlichen Vereins in Baiern, 23. Okt. 1827, Beilage, Sp. 61.
[90] Salzburger Chronik, 24. Mai 1869, S. 255. Siehe Artikel zu Priester Karl Fehringer.
[91] Joseph Hellauer, Ueber eine zufällige besondere Benützung der Seiden-Cocons, in. Wochenblatt des landwirthschaftlichen Vereins in Bayern, 22. April 1828, Sp. 454-455;

Ders., Benützung der Seiden-Cocons in Gichtanfällen, in: Wochenblatt des landwirthschaftlichen Vereins in Bayern, 21. April 1829, Sp. 508-510.

[92] AEM, Matr. Rattenkirchen, Sterbefälle (1781-1905), S. 192f.

[93] AEM, Matr. Petting, Taufen (1764-1796), S. 59.

[94] AES, Ordinationskatalog (1772-1816), S. 334.

[95] Rumpler, Matthias, in: ÖBL 1815-1950, Bd. 9, S. 327.

[96] Matthias Rumpler, Ueber den ersten Lese- und Schreib-Unterricht in Schulen, Salzburg 1801.

[97] Matthias Rumpler, Geschichte von Salzburg. Ein Lesebuch für`s Volk und insbesondere für die erwachsene Jugend in Schulen, Salzburg 1803.

[98] Matthias Rumpler, Anleitung zur sittlichen Erziehung der Kinder bis zu den Jahren, da sie schulfähig werden: vorzüglich Eltern aus dem Bürger- und Bauernstande gewidmet, Salzburg 1800.

[99] AES, Matr. Seekirchen, Sterbefälle (1833-1853), S. 128.

[100] Zur Biographie von Augustin Winklhofer siehe Benedikt Pillwein (Hg.), Biographische Schilderungen oder Lexikon Salzburgischer theils verstorbener theils lebender Künstler, auch solche, welche Kunstwerke für Salzburg lieferten, Salzburg 1821, S. 260-262; Ignaz von Kürsinger, Lungau. Historisch, ethnographisch und statistisch aus bisher unbenützten urkundlichen Quellen, Salzburg 1853, S. 600.

[101] AES, Matr. Bergheim, Taufen (1736-1801), S. 458.

[102] AES, Priesterhaus Catalogus Ordinandorum (1737-1793), S. 878; AES, Ordinationskatalog (1772-1816), S. 351.

[103] Kürsinger, Lungau, S. 600.

[104] Zitiert nach Kürsinger, Lungau, S. 616.

[105] Steyermärkische Zeitschrift, 4 (1825), S. 153-155.

[106] Augustin Winklhofer, Die hierarchische Verfassung von Salzburg und Berchtesgaden. Historisch dargestellt, Salzburg 1810; Ders., Der Salzach-Kreis. Geographisch, historisch und statistisch beschrieben, Salzburg 1813.

[107] AES, Matr. St. Michael im Lungau, Sterbefälle (1828-1865), S. 20.

[108] Eine Biographie liegt vor mit Nagnzaun, Albert, in: BLKÖ Bd. 20, S. 39-41; außerdem Andreas Lainer, Albert Nagnzaun (1777-1856): Abt von St. Peter in Salzburg (1818-1856), Dipl.-Arbeit Univ. Salzburg 2008.

[109] AES, Salzburg Militärmatriken, Taufen (1761-1818), S. 190.

[110] Nagnzaun, BLKÖ, S. 39.

[111] AES, Ordinationskatalog (1772-1816), S. 457.

[112] Nagnzaun, BLKÖ, S. 40.

[113] Nagnzaun, BLKÖ, S. 40.

[114] Nagnzaun, BLKÖ, S. 40.

[115] Nagnzaun, BLKÖ, S. 40.

[116] Heinrich Reitzenbeck, Geschichte der botanischen Forschungen in Salzburg, in: Franz Storch (Hg.), Skizze zu einer naturhistorischen Topographie des Herzogthumes Salzburg. Erster Band. Flora von Salzburg, Salzburg 1857, S. 42f.

[117] AES, Salzburg Dompfarre, Sterbefälle (1854-1870), S. 48.

[118] Zu Johann Bapt. Aingler siehe Albert Rosenegger, Domherr Johann Baptist Aingler: Der Teisendorfer Mühlmachersohn war ein Förderer des Schulwesens, in: Chiemgau-Blätter 8 (2006), S. 1-3; Georg Schwaiger, Monachium sacrum: Festschrift zur 500-Jahr-Feier der Metropolitankirche Zu Unserer Lieben Frau in München, Bd. I, München 1994, S. 525-526; Zeitschrift des Salzburger Lehrer-Vereins, März 1878, S. 25-26.

[119] AEM, Matr. Teisendorf, Taufen (1754-1781), S. 425.
[120] AES, Priesterhaus Catalogus Ordinandorum (1794-1830), Fol. 42v.; Schwaiger, Monachium sacrum Bd. I, S. 525.
[121] AES, Ordinationskatalog (1772-1816), S. 492.
[122] Zeitschrift Lehrer-Verein 1878, S. 25-26.
[123] Zitiert nach Zeitschrift Lehrer-Verein 1878, S. 26.
[124] Rosenegger, Aingler, S. 1-3
[125] Rosenegger, Aingler, S. 1-3.
[126] AEM, Personalakt Johann Baptist Aingler.
[127] Schwaiger, Monachium sacrum Bd. I, S. 526.
[128] Schematismus der Geistlichkeit des Erz-Bisthums München und Freysing für das Jahr 1826, S. VI.
[129] Schematismus der Geistlichkeit des Erz-Bisthums München und Freysing für das Jahr 1830, S. 106.
[130] Eine ausführliche Biographie zu Peter Karl Thurwieser liegt vor mit Joseph Anton Schöpf, Peter Carl Thurwieser, Salzburg 1871.
[131] AES, Matr. Kramsach Voldöpp, Taufen (1770-1832), o.S.
[132] AES, Ordinationskatalog (1772-1816), S. 610.
[133] Thurwieser, Peter Karl, in: BLKÖ Bd. 45 (1882), S. 126.
[134] Thurwiester, BLKÖ, S. 126ff.
[135] AES, Matr. Salzburg Dompfarre, Sterbefälle (1854-1870), S. 212.
[136] Zu Mohr liegen bereits zahlreiche Biographien vor; siehe hierzu u.a. Hermann Spies, Über Joseph Mohr, den Dichter von „Stille Nacht, heilige Nacht", in: MGSLK 84/85 (1944/45), S. 122-141; Dietlinde Hlavac, Joseph Mohr – Das Leben des Stille-Nacht-Dichters, Berchtesgaden 2015. Weiter existieren zahlreiche Einzelstudien in den Blättern der Stille Nacht-Gesellschaft.
[137] AES, Matr. Salzburg Dompfarre, Taufen (1756-1814), illeg. natos, S. 18.
[138] AES, Priesterhaus Catalogus Ordinandorum (1794-1830), S. 142v.; AES, Ordinationskatalog (1772-1816), S. 629.
[139] Siehe hierzu die Biographien zu Joseph Mohr. Außerdem finden sich zahlreiche Beiträge zur Vita in den Blättern der Stille Nacht Gesellschaft.
[140] Siehe hierzu Wallace Bronner, Die Rezeption von „Stille Nacht! Heilige Nacht!" in den Vereinigten Staaten von Amerika, in Mexiko und Kanada, in: Thomas Hochradner u.a. (Hg.), 175 Jahre „Stille Nacht! Heilige Nacht!". Symposiums-bericht (Veröffentlichungen zur Salzburger Musikgeschichte Bd. 5), Salzburg 1994, S. 238-244.
[141] AES, Matr. Wagrain, Sterbefälle (1788-1858), S. 255.
[142] AES, Matr. Bischofshofen, Taufen (1751-1802), S. 394.
[143] AES, Priesterhaus Catalogus Ordinandorum (1794-1830), Fol. 203v.; AES, Ordinationsbuch (1818-1954), S. 42.
[144] Schematismus Salzburg 1889, S. 194-195.
[145] Matthias Englmayr, Die Besteigung des ewigen Schneeberges oder Hochkönigs bei Werfen am 28. August 1852, Salzburg 1852.
[146] Englmayr, Besteigung, S. 3.
[147] Englmayr, Besteigung, S. 3f.
[148] Englmayr, Besteigung, S. 5.
[149] Matthias Englmayr, Eine Sommerreise ins Pinzgau und Tirol, Salzburg 1869.
[150] Englmayr, Sommerreise, S. 16.
[151] Matthias Englmayr, Kurze Chronik von Radstadt, Salzburg 1840; Ders., Chronik der

Pfarre Zell am See in Pinzgau, Salzburg 1848; Ders., Chronik vom Gerichts- und Pfarr-Bezirke Werfen im Kronlande Salzburg: ein Handbüchlein für Einheimische und Reisende, Salzburg 1852; Ders., Chronik vom Pfarr- und Dekanats-bezirk Thalgau im Herzogthume Salzburg: ein Lesebüchlein für die Jugend und für Jedermann, Salzburg 1861; Ders., Die ehemalige Hofmark Bischofshofen in Pongau, und Umgebung: eine historisch-topographische Skizze, Salzburg 1872.

[152] AES, Matr. Salzburg Dompfarre, Sterbefälle (1870-1893), S. 123.
[153] Eine kurze Lebensbeschreibung findet sich als Nachruf in MGSLK, 1867, S. XI-XII.
[154] AES, Matr. Zell am See, Taufen (1774-1808), S. 310.
[155] AES, Priesterhaus Catalogus Ordinandorum (1794-1830), Fol. 245r.;
AES, Ordinationsbuch (1818-1954), S. 112.
[156] Schematismus Salzburg, 1833, S. 58; 1835, S. 58; 1837, S. 75; 1838, S. 36; 1839, S. 26; 1840, S. 67; 1841, S. 72; 1842, S. 76; 1843, S. 81; 1844, S. 48; 1845, S. 49; 1848, S. 20; 1849, S. 32.
[157] Joseph Dürlinger, Historisch-statistisches Handbuch der Erzdiöcese Salzburg in ihren heutigen Grenzen, Hefte 1-6, Salzburg 1862-1863.
[158] Salzburger Zeitung, 29. April 1867, o.S.
[159] Joseph Dürlinger, Von Pinzgau: 1. Geschichtliche Uebersichten: 2. Orte- und Kirchenmatrikel. Mit chronologischer Tabelle, Salzburg 1866.
[160] Joseph Dürlinger, Historisch-statistisches Handbuch von Pongau, Salzburg 1867.
[161] Nachruf Joseph Dürlingers in MGSLK 1867, S. XII.
[162] AES, Matr. Salzburg Dompfarre, Sterbefälle (1854-1870), S. 249.
[163] Salzburger Zeitung, 29. April 1867, o.S.
[164] Eine kurze Lebensbeschreibung findet sich als Nachruf in MGSLK 1885, S. 116-117.
[165] In AES, Matr. Salzburg Gnigl, Taufen (1800-1819) ist kein Taufeintrag zu Adam Doppler zu finden.
[166] AES, Priesterhaus Catalogus Ordinandorum (1794-1830), Fol. 248r.;
AES, Ordinationsbuch (1818-1954), S. 112.
[167] Die geistliche Laufbahn lässt sich aus dem Nachruf in MGSLK 1885, S. 116 entnehmen.
[168] Adam Doppler, Die ältesten Original-Urkunden das f.e. Consistorial-Archives zu Salzburg (1200-1350), in: MGSLK 10 (1870), S. 127-199.
[169] Doppler, Original-Urkunden , MGSLK 10 (1870), S. 127.
[170] Adam Doppler, Verordnungen K. Karls des Großen und Beschlüsse der Reisbacher Synode c. a. 800, in: MGSLK 12 (1872), S. 345-351.
[171] Adam Doppler, Auszüge aus den Original-Urkunden des fürsterzbischöflichen Consistorial-Archives zu Salzburg (1401-1440), in: MGSLK 13 (1873), S. 1-162; (1441-1460), in: MGSLK 14 (1874), S. 1-202; (1461-1480), in: MGSLK 15 (1875), S. 1-207; (1481-1500), in: MGSLK 16 (1876), S. 207-245.
[172] Adam Doppler - Willibald Hauthaler, Urbar des Benedictinnen-Stiftes Nonnberg, in: MGSLK 23 (1883), S. 41-144.
[173] Franz Valentin Zillner, Geschichte der Stadt Salzburg, 2 Bd. in 3 Teilen, Salzburg 1885-1890.
[174] AES, Matr. Salzburg St. Blasius, Sterbefälle (1878-1912), S. 89.
[175] Zu Johann Ev. Gries liegt eine kurze Biographie vor in Pirmin Lindner, Professbuch der Benediktiner-Abtei St. Peter in Salzburg (1419-1856), in: MGSLK 46 (1906), S. 1-328, hier S. 229f.
[176] In AES, Matr. Salzburg Nonntal ist kein Eintrag zu Geburt oder Taufe zu finden.
[177] AES, Ordinationsbuch (1818-1954), S. 125.

[178] Lindner, Professbuch St. Peter, S. 229.
[179] Abdruck fand der Bericht als: Joan, Ev. Gries, Botanische Excursionsbeschreibung nach den Gegenden des Tennengebirgs im Jahre 1832, in: Flora oder allgemeine botanische Zeitung, 28. April 1833, S. 249-254.
[180] Gries, Excursionsbeschreibung, S. 250.
[181] Gries, Excursionsbeschreibung, S. 252f.
[182] Franz Storch (Hg.), Skizzen zu einer naturhistorischen Topographie des Herzogthumes Salzburg Bd. I, Flora von Salzburg, Salzburg 1857, S. 25.
[183] Salzburger Landeszeitung, 27. Juni 1855, S. 579.
[184] AES, Matr. Salzburg Dompfarre, Sterbefälle (1854-1870), S. 24.
[185] AES, Matr. Salzburg Dompfarre, Taufen (1756-1814), S. 641.
[186] AES, Ordinationsbuch (1818-1954), S. 146.
[187] Schematismus Salzburg 1835, S. 50; 1837, S. 32; 1840, S. 77; 1841, S. 43; 1845, S. 75.
[188] Johann Michael Sailer, Vorlesungen aus der Pastoraltheologie, Sämmtliche Werke, 91 Bd. 18, Sulzbach 1835, S. 269.
[189] Ignaz von Kürsinger, Lungau. Historisch, ethnographisch und statistisch aus bisher unbenützten urkundlichen Quellen, Salzburg 1853, S. 669.
[190] Kürsinger, Lungau, S. 676.
[191] AES, Matr. St. Margarethen im Lungau, Sterbefälle (1798-1869), S. 88.
[192] AES, Matr. Saalfelden, Taufen (1783-1820), S. 258.
[193] AES, Priesterhaus Catalogus Ordinandorum (1830-1855), o.S.; AES, Ordinationsbuch (1818-1954), S. 177.
[194] Schematismus Salzburg 1839, S. 28; 1841, S. 31; 1842, S. 36; 1843, S. 56; 1844, S. 61; 1845, S. 71; 1848, S. 73; 1849, S. 33; 1850, S. 33; 1851, S. 27; 1852, S. 28; 1857, S. 27; 1858, S. 42.
[195] Johann Alois Kaltner, Die erste Deutsche Pilgerfahrt nach Jerusalem und Palästina, Salzburg 1855.
[196] Kaltner, Pilgerfahrt, S. 5.
[197] Kaltner, Pilgerfahrt, S. 20, 23, 30, 43.
[198] Kaltner, Pilgerfahrt, S. 44.
[199] Kaltner, Pilgerfahrt, S. 56.
[200] Kaltner, Pilgerfahrt, S. 93-154.
[201] Kaltner, Pilgerfahrt, S. 58.
[202] Kaltner, Pilgerfahrt, S. 169.
[203] Morgenblatt der Neuen Salzburger Zeitung, 28. Mai 1855, o.S.
[204] AES, Matr. Mattsee, Sterbefälle (1845-1900), S. 127.
[205] AES, Matr. Adnet, Taufen (1787-1828), S. 141.
[206] AES, Priesterhaus Catalogus Ordinandorum (1830-1855), o.S.; AES, Ordinationsbuch (1818-1954), S. 177.
[207] Schematismus Salzburg 1838, S. 59; 1839, S. 68; 1840, S. 69; 1841, S. 75; 1842, S. 87; 1843, S. 54; 1844, S. 41; 1845, S. 42; 1846, S. 34; 1847, S. 34; 1848, S. 68; 1849, S. 38; 1850, S. 38; 1851, S. 38; 1852, S. 42; 1853, S. 19; 1854, S. 32.
[208] Salzburger Chronik, 2. Okt. 1868, S. 510.
[209] Salzburger Chronik, 4. Juli 1872, o.S.; 30. Okt. 1872, o.S.
[210] Salzburger Chronik, 4. Okt. 1877, o.S.; 6. Okt. 1877, o.S.
[211] Linzer Volksblatt, 25. Febr. 1894, S. 3.
[212] Salzburger Chronik, 2. Juli 1902, Beilage, o.S.
[213] Salzburger Chronik, 21. Febr. 1903, o.S.

[214] AES, Matr. Mattsee, Sterbefälle (1900-1938), S. 30.
[215] Ein ausführlicher Nekrolog zu Amand Jung fand 1906 Abdruck in MGSLK 1906, S. 267-274. Siehe außerdem Lindner, Profeßbuch St. Peter, S. 267-274.
[216] AES, Matr. Rattenberg am Inn, Taufen (1707-1936), S. 202.
[217] Nekrolog Jung MGSLK 1906, S. 267f.
[218] AES, Ordinationsbuch (1818-1954), S. 190.
[219] Nekrolog Jung MGSLK 1906, S. 268, 274.
[220] Mitglieder der Gesellschaft für Salzburger Landeskunde im ersten Vereinsjahre 1860-61, in: MGSLK 1 (1860/61), o.S.
[221] Amand Jung, Beiträge zur Schilderung des kirchlichen Lebens in Salzburg, in: MGSLK 1 (1860/61), S. 53-58; Ders., Brief Abts Andreas von St. Peter an Felician, Bischof von Scala, in: MGSLK 3 (1863), S. 284-285.
[222] Nekrolog Jung MGSLK 1906, S. 273.
[223] Nekrolog Jung MGSLK 1906, S. 272f.
[224] Siehe hierzu Nekrolog Jung MGSLK 1906, S. 270f.
[225] AES, Matr. Salzburg Dompfarre, Sterbefälle (1870-1893), S. 387.
[226] In AES, Matr. Kuchl waren keine Angaben zur Geburt zu finden.
[227] AES, Priesterhaus Catalogus Ordinandorum (1830-1855), o.S.;
AES, Ordinationsbuch (1818-1954), S. 211.
[228] Salzburger Chronik, 17. Jan. 1894, o. S.
[229] Bienen-Zeitung, 31. Dez. 1872, S. 312.
[230] Monats-Blatt der k. k. Landwirthschafts-Gesellschaft in Salzburg, April 1870, S. 31.
[231] Salzburger Kirchenblatt, 10. Sept. 1869, S. 288.
[232] AES, Matr. Radstadt, Sterbefälle (1872-1928), S. 173.
[233] Zu Heinrich Schwarz siehe P. Heinrich (Joseph Fidelis) Schwarz, in: ÖBL Bd. 11 (1999), S. 436f.
[234] AES, Matr. Saalfelden, Taufen (1783-1820), S. 353.
[235] Schwarz, ÖBL, S. 436.
[236] AES, Ordinationsbuch (1818-1954), S. 218.
[237] Schwarz, ÖBL, S. 436.
[238] Heinrich Schwarz, Das ehrwürdige Benediktinerstift Michaelbeuern. Ein Gespräch für Kinder, zum Vortrage wie auch zum Lesen, Salzburg 1865.
[239] Heinrich Schwarz, Einhundert kurze Erzählungen und Parabeln für die liebe Jugend, Regensburg 1877.
[240] Heinrich Schwarz, Schauspiele und Gespräche für die liebe Jugend, Regensburg 1882.
[241] Schwarz, ÖBL, S. 436.
[242] AES, Matr. Dorfbeuern, Sterbefälle (1890-1908), S. 28.
[243] Zur Biographie von Joseph Anton Schöpf siehe Franz Anthaller, Dr. Joseph Anton Schöpf, Salzburg 1900.
[244] Archiv der Diözese Innsbruck, Matr. Umhausen, Taufen (1806-1834), S. 53.
[245] Schöpf, Joseph Anton, in: ÖBL 1815-1950, Bd. 11, S. 103.
[246] AES, Priesterhaus Catalogus Ordinandorum (1830-1845), o.S.;
AES, Ordinationsbuch (1818-1954), S. 224.
[247] Schöpf, ÖBL, S. 103.
[248] Rupert Klieber, Politischer Katholizismus in der Provinz. Salzburgs Christlich-soziale in der Parteienlandschaft Alt-Österreichs, Wien – Salzburg 1994, S. 73;
Anthaller, Schöpf, S. 12.
[249] Anthaller, Schöpf, S. 12.

[250] Anthaller, Schöpf, S. 12.
[251] Klieber, Politischer Katholizismus, S. 74.
[252] AES, Matr. Salzburg Gnigl, Serbefälle (1888-1909), S. 282.
[253] DASP, Matr. Freischling, Taufen (1783-1828), S. 178.
[254] AES, Priesterhaus Catalogus Ordinandorum (1830-1855), o.S.;
AES, Ordinationsbuch (1818-1954), S. 252.
[255] Schematismus Salzburg 1850, S. 20; 1851, S. 82; 1852, S. 80; 1853, S. 28; 1854, S. 84; 1855, S. 79; 1856, S. 73; 1857, S. 31; 1858, S. 42; Salzburger Chronik, 24. Mai 1869; 1. Febr. 1872; 17. Dez. 1874; 18. Febr. 1891.
[256] Salzburger Chronik, 24. Mai 1869.
[257] AES, Matr. Rattenberg, Sterbefälle (1843-1937), S. 137.
[258] AES, Matr. Piesendorf, Taufen (1753-1825), S. 266.
[259] AES, Priesterhaus Catalogus Ordinandorum (1830-1855), o.S.;
AES, Ordinationsbuch (1818-1954), S. 235.
[260] Siehe hierzu Schematismus Salzburg, Jg. 1848, S. 63; 1849, S. 73; 1851, S. 86; 1852, S. 84; 1854, S. 18; 1855, S. 19; 1865, S. 19; 1858, S. 25; 1859, S. 25; 1860, S. 25; 1862, S. 80.
[261] Johannes Matthias Firmenich (Hg.), Germaniens Völkerstimmen, Sammlung der deutschen Mundarten in Dichtungen, Sagen, Mährchen, Volksliedern u. s. w., Bd. 3, Berlin 1854.
[262] Firmenich, Völkerstimmen, S. 615.
[263] AES, Matr. Bruck an der Großglocknerstrasse, Sterbefälle (1857-1895), S. 71.
[264] Siehe hierzu den Nekrolog zu Isidor Pertl mit dem Titel „Isidor Pertl: Zum Heimgang des ältesten Priesters Oesterreichs" in Salzburger Chronik, 26. März 1929, S. 5.
[265] AES, Matr. Zell am Ziller, Taufen (1813-1853), S. 204.
[266] Pertl, Nekrolog, S. 5.
[267] Pertl, Nekrolog, S. 5.
[268] Pertl, Nekrolog, S. 5.
[269] Pertl, Nekrolog, S. 5.
[270] Pertl, Nekrolog, S. 5.
[271] Pertl, Nekrolog, S. 5.
[272] Pertl, Nekrolog, S. 5.
[273] Pertl, Nekrolog, S. 5.
[274] AES, Matr. Salzburg Mülln, Sterbefälle (1918-1930), S. 182.
[275] AES, Matr. Köstendorf, Taufen (1827-1841), S. 94.
[276] AES, Priesterhaus Catalogus Ordinandorum (1830-1855), o.S.;
AES, Ordinationsbuch (1818-1954), S. 313.
[277] Zu den Versetzungen siehe die lokalen Zeitungen: Salzburger Zeitung, 19. Juli 1860, 7. Okt. 1864, 7. Dez. 1866, 19. Nov. 1870; Salzburger Chronik, 5. Juli 1867, 5. Sept. 1872, 8. Juni 1883.
[278] Bienen-Zeitung, 15. März 1870, S. 73.
[279] AES, Matr. Hallwang, Sterbefälle (1901-1938), S. 17.
[280] Salzburger Chronik, 29. März 1905, o.S.
[281] Ein Nekrolog zu Albert Mussoni findet sich in: MGSLK 1896, S. 301-302.
[282] AES, Matr. Mauterndorf, Taufen (1831-1844), S. 49.
[283] Nekrolog Mussoni, S. 301.
[284] AES, Ordinationsbuch (1818-1954), S. 326.
[285] Nekrolog Mussoni, S. 301.
[286] Monats-Blatt der k. k. Landwirthschafts-Gesellschaft in Salzburg, 1875, S. 83.

[287] Grazer Volksblatt, 7. Febr. 1873, o.S.
[288] AES, Matr. Salzburg Dompfarre, Sterbefälle (1894-1915), S. 41.
[289] Ein ausführlicher Nekrolog zu Alois Winkler findet sich in Salzburger Chronik, 12. Juni 1925.
[290] AES, Matr. Waidring, Taufen (1809-1851), S. 53.
[291] Siehe Angaben in RES.
[292] Zur Vita von Alois Winkler siehe u.a. seinen Nekrolog.
[293] Siehe hierzu Oskar Dohle, 150 Jahre Salzburger Landeshauptleute (1861-2011) (Schriftenreihe des Salzburger Landesarchivs 17), Salzburg 2011, S. 22-25.
[294] AES, Matr. Salzburg Dompfarre, Sterbefälle (1916-1929), S. 214.
[295] Zu Pirmin Lindner liegen bereits mehrere biographische Betrachtungen vor. Siehe: Franz Martin, Der Ordenshistoriker P. Pirmin August Lindner OSB +, in: Mitteilungen zur Geschichte des Benediktinerordens und seiner Zweige, NF 2, 1912, S. 316-331. Gerald Hirtner, Der Ordenshistoriker P. Pirmin Lindner (1848-1912) von Sankt Peter in Salzburg, in: Andreas Sohn (Hg.), Benediktiner als Historiker, Bochum 2016, S. 125-144.
[296] Hirtner, Lindner, S. 126.
[297] Hirtner, Lindner, S. 126.
[298] Hirtner, Lindner, S. 126, 129.
[299] Hirtner, Lindner, S. 126.
[300] Hirtner, Lindner, S. 135.
[301] Pirmin Lindner, Monasticon Metropolis Salzburgensis antiquae. Verzeichnisse aller Aebte und Pröpste der Klöster der alten Kirchenprovinz Salzburg, Salzburg 1908.
[302] AES, Matr. Salzburg Dompfarre, Sterbefälle (1894-1915), S. 312.
[303] AES, Matr. St. Johann in Tirol, Taufen (1842-1863), S. 178f.
[304] Schematismus Salzburg 1870, S. 28; AES, Ordinationskatalog (1818-1954), S. 398.
[305] Salzburger Chronik, 14. März 1908, S. 8.
[306] Salzburger Chronik, 27. Aug. 1901; 27. Aug. 1902; 29. Aug. 1904.
[307] Salzburger Chronik, 1. Okt. 1902, Beilage, o. S.
[308] AES, Matr. Mariapfarr, Sterbefälle (1900-1938), S. 56.
[309] Siehe hierzu auch Leopold Ramminger, Bibliothek Seekirchen; Leselust 1912-2012; Geschichte des öffentlichen Bibliothekswesens in Seekirchen, Seekirchen 2012.
[310] AES, Matr. Salzburg St. Blasius, Taufen (1850-1865), S. 119.
[311] Schematismus Salzburg 1877, S. 30; AES, Ordinationsbuch (1818-1954), S. 434.
[312] Schematismus Salzburg 1881, S. 65; 1885, S. 72; 1886, S. 76; 1887, S. 75; Salzburger Chronik, 30. Nov. 1892, o.S.; 2. Jan. 1893.
[313] Eine Auflistung der Vereinsmitglieder des Katholischen Lesevereins Seekirchen findet sich in Ramminger, Bibliothek, S. 48-51.
[314] Zitiert nach Hanns Haas, Alltag der Politik in den beiden Seekirchener Gemeinden von 1848 bis 1918, in: Elisabeth u. Heinz Dopsch (Hg.), 1300 Jahre Seekirchen; Geschichte und Kultur einer Salzburger Marktgemeinde, Salzburg 1996, S. 243-292, hier S. 259.
[315] Hanns Haas, Alltag, S. 262.
[316] Ramminger, Bibliothek, S. 47.
[317] AES, Matr. Seekirchen, Sterbefälle (1892-1928), Fol. 338r.
[318] AES, Matr. Tamsweg, Taufen (1858-1877), S. 124.
[319] Zu den Brüdern von Valentin Hatheyer siehe AES, Matr. Tamsweg, Taufen (1858-1877), S. 91, 140, 192; außerdem RES.

³²⁰Schematismus Salzburg 1888, S. 44; AES, Ordinationsbuch (1818-1954), S. 527.
³²¹Schematismus Salzburg 1962, S. 235.
³²²Valentin Hatheyer, Die protestantische Bewegung im Lungau und das Kapuzinerkloster in Tamsweg (Ausweis des fürsterzbischöflichen Collegiums Borromaeum zu Salzburg) Salzburg 1902; Ders., Die Familie Lederwasch in Tamsweg, in: MGSLK 44 (1904), 79-100; Ders., Zur Geschichte der Familie Gressing und des Rathauses in Tamsweg, in: MGSLK 44 (1904), S. 103-112.
³²³Valentin Hatheyer, Festschrift – 500 Jahre Wallfahrtskirche St. Leonhard ob Tamsweg: 1433-1933, Tamsweg 1933; Ders., Die Gewerkenfamilie Jocher in Mauterndorf, in: Lungauer Kirchenblatt Jg. 1935-1937; Ders., Topographie und Entwicklung des Marktes Tamsweg, in: MGSLK 76 (1936), S. 145-168;
Ders., Zur Geschichte des Eisenhandels im Lungau, Graz 1938.
³²⁴Valentin Hatheyer, Chronik des Marktes Tamsweg: Lungau, Salzburg, Tamsweg 1955.
³²⁵Eine Biographie zu Martin Hölzl findet sich in Thomas Hochradner (Hg.), Lieder und Schnaderhüpfl um 1900: aus dem Sammelgut des „Arbeitsausschuss für das Volkslied in Salzburg" (Corpus Musicae Popularis Austriacae), Wien u.a. 2008, S. 70-89.
³²⁶AES, Matr. Mauterndorf, Taufen (1844-1872), S. 187.
³²⁷Schematismus Slzburg 1890, S. 45; AES, Ordinationsbuch (1818-1954), S. 554.
³²⁸Hochradner, Schnaderhüpfl, S. 70.
³²⁹Martin Hölzl, 1000 fl. sind wir wert, Altenmarkt bei Radstadt (1903); Ders., Lachn oder rern?, Altenmarkt bei Radstadt (1903); Ders., Grüß enk Gott, Leutl!, Altenmarkt bei Radstadt (1904).
³³⁰Martin Hölzl, Lachn oder rern?, Vorwort.
³³¹Vgl. hierzu Hochradner, Schnaderhüpfl, S. 79.
³³²Hochradner, Schnaderhüpfl, S. 70.
³³³AES, Matr. Bramberg am Wildkogel, Taufen (1845-1888), S. 371.
³³⁴Schematismus Salzburg 1903, S. 39; AES, Ordinationskatalog (1818-1954), S. 621.
³³⁵Schematismus Salzburg 1970, S. 136f.
³³⁶Joseph Lahnsteiner, 1000 Jahre Taxenbach, Festschrift, Salzburg 1952.
³³⁷Joseph Lahnsteiner, Oberpinzgau von Krimml bis Kaprun, Hollersbach 1956; Ders., Unterpinzgau: Zell am See, Taxenbach, Rauris, Hollersbach 1960; Ders., Mitterpinzgau: Saalbach, Saalfelden, Lofer, Salzburgisches Saaletal, Hollersbach 1962.
³³⁸Schematismus Salzburg 1972, S. 112.
³³⁹Eine kurze Biographie zu Matthias Mayer liegt vor in Nikolaus Grass, Wissenschaftsgeschichte in Lebensläufen, Hildesheim 2001, S. 441-442.
³⁴⁰AES, Matr. Langkampfen, Taufen (1854-1906), S. 149.
³⁴¹Grass, Wissenschaftsgeschichte, S. 441.
³⁴²Salzburger Chronik, 3. u. 4. Dez. 1916, S. 3.
³⁴³Salzburger Chronik, 3. u. 4. Dez. 1916, S. 3.
³⁴⁴Matthias Mayer – Joseph Strasser, Die Krippen-Ausstellung des Vereins „Freunde der Weihnachtskrippe"; St. Peter, Salzburg 1919, Salzburg 1919.
³⁴⁵Die Ausstellungsobjekte finden sich verzeichnet in Mayer, Krippen-Ausstellung, S. 2-16.
³⁴⁶Matthias Mayer, Der Tiroler Anteil des Erzbistums Salzburg, kirchen-, kunst- und heimatgeschichtlich behandelt, 8 Bde., Going in Tirol 1936-1961.
³⁴⁷Grass, Wissenschaftsgeschichte, S. 441.
³⁴⁸AES, Matr. Faistenau, Taufen (1886-1921), S. 21.
³⁴⁹AES, Ordinationsbuch (1818-1954), S. 648; Schematismus Salzburg 1909, S. 42.
³⁵⁰Schematismus Salzburg 1957, S. 219.

[351] Siehe die Angaben in http://www.prangerschuetzen-seeham.at/jo/chronik.php abgerufen am 28.09.2018.
[352] Schematismus Salzburg 1980, S. 100.
[353] AES, Matr. Tamsweg, Taufen (1877-1895), S. 170.
[354] AES, Ordinationsbuch (1818-1954), S. 651; Schematismus Salzburg 1909, S. 42.
[355] Schematismus Salzburg 1962, S. 247.
[356] Schematismus Salzburg 1962, S. 247.
[357] Leonhard Steinwender, Christus im Konzentrationslager. Wege der Gnade und des Opfers, Salzburg 1946.
[358] Steinwender, Christus, S. 55f.
[359] Schematismus Salzburg 1962, S. 247.
[360] Eine Biographie zu Franz Simmerstätter findet sich mit Leonhart Lüftenegger, „Unser Los ist stets der Kampf!": Dr. Franz Simmerstätter 1898-1997; ein Leben im Dienst der Kirche; Bericht eines Zeitgenossen und Mitarbeiters, Salzburg 2004.
[361] AES, Matr. Obertrum am See, Taufen (1866-1903), S. 263.
[362] AES, Ordinationsbuch (1818-1954), S. 678.
[363] Zitiert nach Lüftenegger, Simmerstätter, S. 124.
[364] Eine Biographie zu Franz Wasner liegt vor mit: Hans Spatzenegger, Der unbekannte Franz Wasner. Dirigent der Trapp-Family-Singers, in: Salzburger Archiv 35 (2014), S. 429-442.
[365] DAL, Matr. Feldkirchen, Taufen Duplikate (1905), o.S.
[366] Siehe hierzu den Aufsatz von Hans Spatzenegger.
[367] Spatzenegger, Wasner, S. 432f.
[368] Zitiert nach : Eine Fliege brachte die Wende, in: Der Spiegel 34/1950, S. 35-36.
[369] Spatzenegger, Wasner, S. 434.
[370] Ulrike Kamerhofer-Aggermann (Hg.), The Sound of Music zwischen Mythos und Marketing, Salzburg 2000, S. 162.
[371] AES, Matr. Salzburg St. Andrä, Taufen (1907-1915), S. 258.
[372] AES, Ordinationsbuch (1818-1954), S. 800.
[373] Siehe die Angaben in http: //www.henndorf.at/Desch_Johann, abgerufen am 18.11.2018.
[374] Siehe die Angaben in RES.
[375] Siehe hierzu Arnold Pichler, Der Bischof vom Lungau: Valentin Pfeifenberger – Seelsorger und Menschenfreund, Tamsweg 1994; Ders., Voitl: Erinnerungen von und an Valentin Pfeifenberger und eine Dokumentation seiner Hinterlassenschaft, Mariapfarr 2015.
[376] AES, Matr. Zederhaus, Taufen (1891-1919), S. 160.
[377] AES, Ordinationsbuch (1818-1954), S. 787.
[378] Siehe hierzu die Biographie von Pichler, Bischof vom Lungau.
[379] Pichler, Voitl. S. 69-81.
[380] Pichler, Voitl, S. 131.
[381] AES, Matr. Ramingstein, Taufen (1907-1921), S. 95.
[382] AES, Ordinationsbuch (1818-1954), S. 787.
[383] Siehe die Angaben in RES.
[384] Hans Gwiggner, Bruno Regner in Wörgl, in: Wie sich das Wasser mit dem Wein vermengt. Festschrift für Bruno Regner zum 80. Geburtstag, Salzburg 1996, S. 53-56, hier S. 53.
[385] Gwiggner, Wörgl, S. 54ff.
[386] Siehe die Angaben in RES.

Stefan Trinkl

wurde am 15. Januar 1979 in Gräfelfing (Oberbayern) geboren. Von 2005 bis 2011 studierte er an der Ludwig-Maximilians-Universität in München Bayerische Geschichte. 2014 erfolgte seine Promotion. Thema der Doktorarbeit bildete das Zisterzienserkloster Fürstenfeld unter Abt Balduin Helm zwischen 1690 und 1705. Im Jahr 2016 zog Stefan Trinkl nach Seekirchen am Wallersee. Seit 2017 ist er Referent beim Katholischen Bildungswerk Salzburg. In zahlreichen wissenschaftlichen Abhandlungen und Vorträgen hat sich Stefan Trinkl bereits intensiv mit der großen Bedeutung des Landklerus für die Regionen Altbayern, dem Salzburger Land und Tirol im 18. und 19. Jahrhundert beschäftigt

Abbildungen

Vorderseite: Der alte Dechant mit den Hilfspriestern sowie dem Personal des Dechanthofes (Ortschronik von Altenmarkt im Pongau)
Rückseite: Epitaph von Pfarrer Andreas Fallbacher in der Pfarrkirche in St. Margarethen im Lungau. Dieser Priester wurde von Zeitgenossen wegen der hervorragenden Düngung seiner Felder sehr gelobt.

Stefan Trinkl
Als der Pfarrer auch noch Landwirt war
Facetten und Anekdoten von Priester-Persönlichkeiten aus der Erziözese Salzburg

Gestaltung: Volker Toth
Druck: Buch.Bücher.Theiss, St. Stefan

© 2018 EDITION TANDEM, Salzburg | Wien
www. edition-tandem.at

ISBN 978-3-902932-91-4

Gefördert von:
Land und Stadt Salzburg, Erzdiözese Salzburg, Bundeskanzleramt Österreich | Kunst